w a g a j i n s e i w o m o j i n i k a k e

中日新聞
初の社会部
女性記者奮闘記

わが人生を文字に賭けて

阿部孝子

A b e T a k a k o

新葉館出版

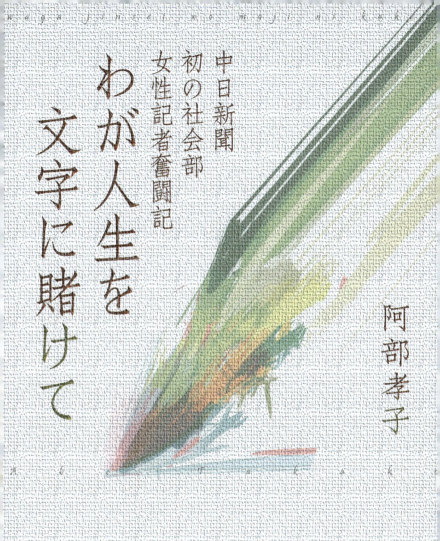

中日新聞初の社会部女性記者奮闘記

わが人生を文字に賭けて ■ もくじ

名フィル10年 056

七十代の現役記者として

名作散歩　158

わが人生を文字に賭けて

ジャーナリスト修行
校閲部時代

　私の自宅の押入れには、約四十冊のスクラップブックが眠っている。中日新聞校閲部から社会部に異動して以来、自分の担当した日常の小さな記事から、スクープや企画連載といった大きな記事までを、大まかな時代に分けてスクラップを作り、①～㊲とファイル番号をつけて整理したものだ。それとは別に、「世界のマーケット」「名フィル10年」といった企画連載を個別にまとめたファイルが四冊ある。

　二十一歳から七十五歳までの五十四年間、生涯一記者で通した。中日新聞の阿部記者と言えば、誰でも知っている――と言われたこともあるが、有名になろうとか、偉くなりたいと思ったことは一度もない。ただただ、愚直なまでに現場に通い、自分で見て聞いて感じたことを、読者に正確に伝えるという使命感に燃えていた。人前で喋ることは苦手、でも人の話に耳を傾けることは嫌いではない。文章力の向上は、経験と努力の積み重ねに尽きる。そういう意味で、黙々と働くことが好きな自分の性に記者という職業は合っていたと思う。

昭和七（一九三二）年、名古屋生まれ、名古屋育ちの一人っ子である。いわゆる本の虫で、小学校の登下校中も二宮金次郎のように本を手放さない子だった。ドストエフスキーなど、外国の作家を好んで読んだように思う。

小学生時代は戦争のまっただ中。ある日、空中戦をしているという情報が入り、私はいつものように防空壕に本を持ち込んで、壁にもたれて読んでいた。両親は表に出て、空の様子を見上げていた。次の瞬間、ブスーッと背後で何か突き刺さったような大きな音がした。驚いて壕の外に出たら、両親が青ざめた顔で座り込んでいた。シャベルで掘り返してみると、私のもたれていた壁あたりに流れ弾と思われる機関砲弾が突き刺さっていた。あと数十センチで死んでいたところだった。その砲弾はしばらく自宅の神棚にお守りとして供えられていた。

体が弱かったこともあり、高校一年生頃まで医学に興味があった。終戦後、今の名古屋市立大学の前身の名古屋市立女子医学専門学校の学生がうちに下宿してきた。両親とすれば、少しでも私への刺激になればいいと思っていただろうし、家庭教師の代わりになればいいと思っていたようだ。

戦後の教育制度改革で学区制になり、私は家から近いK高校に行くことになった。仲のよい友達と離れ、校風も違うことからなかなか新しい学生生活に馴染めなかった。そんなところに中学時代の恩師から電話がかかってきて、新しく音楽課程を作るからウチにこないかと誘われた。両親は音楽のおの字も分からない二人で、もちろん自宅にピアノもなかったのに、どういうわけか、私は音楽が大好きだった。ひとりでヤマハの店に行って、世界の名曲が載っている分厚い歌の本を買ってきて、歌って楽しむことが趣味だった。恩師の熱心な勧めは最初は気が進まなかったが、前述のように学校のことで悩んでいたこともあり、K高校の音楽課程への転入を決めた。ところが趣味で楽しんでいた音楽が、学問になった途端に嫌になったのだから皮肉なものである。勉強に苦しめられたものの、後に音楽担当記者になったのは全くの偶然であり、高校時代のこの経験が大いに役に立ったことに驚いている。音楽は自分の天職かな、とさえ思った。

昭和二十八年に愛知県立女子短期大学国文科を卒業後、中日新聞社に入社。本社校閲部に配属となり十九年間勤務した。

当時は、まだ女性が普通に大学に行けるような時代ではなかった。明治生まれの典型的な専業主婦である母を傍で見ながら、母と同じ生き方はしたくない、一人の人間として仕事を持ちたいと強く思った。肉体は女性だが、心は男性のように仕事への志に燃えていた。

そして、大学に行かせてくれと両親に懇願した。

同級生がほとんど教職に就く中で、その流れに乗るのが何となく嫌だった。事務系は嫌、銀行系も嫌、公務員も嫌、我がままの果てに辿り着いたのがマスコミである。なぜかマスコミは好きだった。

当時、民放がはじまったばかりで、マスコミは全盛期をむかえようとしていた。大事件が頻繁に起こり、世間が沸いていた。そう考えると、私のマスコミ志望は時代的背景の影響が大きい。新聞社に入ったことを知った高校の友達は「ああやっぱりね」と笑った。

在学中、小手調べにCBCテレビの入社試験を受けた。筆記試験は何なく通過したが、二次試験はスタジオに放り込まれて実況中継をしろといわれ、見事にすべった。

中日新聞ははじめから正式入社ではなく、半年間のアルバイトという契約で入社した。「総務ならともかく編集に女性は要らない」と言われた試験官に、私を採用した理由を聞くと「阿部さんの才能を見抜いていたから」とお世辞を言われたが、今となっては本心かどうか確かめようがない。毎朝、他の社員より三十分くらい早く出社し、雑巾がけをして、お茶をくんでから仕事にかかった。社会部に異動する前は会社の同好会にも参加していて、謡曲を十五年、能管を五年ほど続け、趣味の音楽を楽しんでいた。

入社から半年後の十月一日付けで、正式に中日新聞社の校閲部所属の正社員となった。校閲部の十九年間は、記者時代の下積みという意味でも、かなりの力になった。昭和四十七年に社会部に異動になり、記者として活動する前後によど号ハイジャック事件（昭和四十五年）とあさま山荘事件（昭和四十七年）が起こり、その後も日本航空123便墜落事故（昭和六十年）、昭和天皇崩御（昭和六十四年）、地下鉄サリン事件（平成七年）など、歴史的な事件や事故が続いた。正義感、好奇心が旺盛で、何か事が起こると記者の性か血がさわぐ。後年、社会部記者を離れても、用事もないのに、社会部を覗いて「何があったの？」と聞いて回った。

セクハラは日常茶飯事で、今だったら大問題になっているに違いない。しょっちゅう口説かれたし、ラブレターを貰ったこともある。責任宿直、いわゆる責直になった夜は「ネグリジェ一枚でおいで」「一緒に雑魚寝しようや」と軽口を言われて閉口した。ある時「おい、出かけるぞ」と別部署の男性に言われて、タクシーを降りたところがラブホテルだったということも。親戚にその話をしたところ「私、悪い病気持っていますが、大丈夫でしょうかと言えばいい」と対処法を教えてもらい、笑い合ったことがある。

幼なじみのボーイフレンドは大手の広告代理店に勤めていて、華やかな生活をしていた。よくクラブやキャバレーに連れていってもらった。ある日、鶴舞公園に誘われて行ったら、ハグしてきたので走って逃げたことがある。

当時、新聞記者は「インテリやくざ」と言われるだけあって、やりたい放題。「あそこのご主人は夕方に出社して朝方に帰ってきて、おかしいんじゃないか」と近所の奥様連中に陰口を叩かれる。飲み代は全部ツケで済ませた。月末になるとバーやスナックのママが請求書の束を握りしめて会社の正面玄関で「○○さんを呼んでくれ」と待ち構えている。インテリやくざさんは、ママの目を盗んで何とか別の出口から逃走をはかる。確かにセクハラも多かったが、私は昔のそういう新聞記者の方が人間くさくて好きである。

両親の勧めで二、三回、義理でお見合いをしたこともあるが、私にとって、結婚より仕事のほうがはるかに魅力的に映り、その結果、独身を貫くことになった。

私の記者人生が詰まった
スクラップブック

社内初の
社会部女性記者に

中日新聞の社是は「真実・公正・進歩的」である。取材記者が最も恐れるべきは己の力を過信することで、記者自らがステージに上がることは決して許されない。

昭和四十七年十月、校閲部から社会部に異動。校閲部の部長からは「俺は絶対出さないからな」と引き留められていたが、記者という仕事に大きな魅力を感じた私の心は奮い立った。

ところが、社会部初の女性記者と謳われてからというもの、はからずも社内外で注目を浴びることとなった。深夜、男性記者から自宅に確認の電話がかかってきたり、女性記者からのやっかみも酷かった。こうした周囲の圧力に加えて、社会部の上司から「今さら君にお茶くみをさせるつもりはない」とハッパをかけられた私は、極度の緊張とストレスで鼻血が一週間止まらなくなった。

新聞記者という職業は華やかに見られるが、女性にとって想像以上にハードであるためお勧めは出来ない。異動が決まったとき、自分にどれほどのことが出来るか分からないけれども、ともかく「やっぱり編集に女はいらねえや」と言われないように、がむしゃらに働いた。自分が悪い見本となって、あとに続く後輩女性記者の才能の芽を摘んではならないと必死だった。

「電車内でもボケッとするな」と上司に口うるさく言われた。例えば、前方に座っている乗客の靴やネクタイの種類で、金持ちなのか貧乏人なのかを探る。周囲の会話に聞き耳を立てる。常にアンテナを立てることが求められ、毎日訓練をするうちに、いつしかそれが当たり前になった。

当然ながら、食事する時間はほとんどない。外に出て優雅にランチなど以ての外である。夕刊の業務が終わるとすぐに、外から送られてくる原稿を記事にする作業を経て、デスクに提出しなければならない。一分一秒を争って記事を作成、昼くらいにようやく一息つくことができた。社員食堂では皆、時間を惜しむように新聞を手にしながら、行儀悪く食べていた。席に戻ると、今度は自分の取材である。朝、出勤すると「どこどこに行ってこい」という手配書をまずチェックする。誰がどの取材を担当するのか、出社するまでは分からない。指示された取材は、苦手だろうが嫌だろうが、遂行しなければならない。中には「東山動物園のサイの結婚式に行ってこい」などという微笑ましい指令もあった。ちなみに、私が社会部で最初に担当した取材は恐らく、昭和四十七年十月一日に開館した金山にある名古屋市民会館の記事だったと記憶している。

取材の時の必携品は手帳とボールペン、それから小さなカメラ。今みたいにパソコンではなく、もちろん一字一字手書きだった。

異動した年の暮れに、小学生に上がる前の小さな男の子が、体中に大火傷を負う事故が起きた。助けるには皮膚移植しか選択肢が残されていなかったため、読者の協力を紙面で呼びかけたところ、山ほど反響があった。当時は手術室に入ることもできたので、大勢の取材陣と居合わせた。通常、他人の皮膚はＤＮＡが違うため順応せずに剥がれてしまう。その他人の皮膚を、あらかじめ刻んでおいた母親と少年の皮膚の上に被せるように覆うと、新しい皮膚が生まれてくるという当時の最先端の医療技術を目の当たりにした。私は毎朝、社のタクシーに自宅に迎えにきてもらい、その子の入院する救急病院に寄って容態を確認してから出社するのが日課だった。ところが「社会部の阿部」が女性の記者だと思われず、手を振り続ける私の前をタクシーが何度も通り過ぎていったという笑えないエピソードもある。

当時はまだ男女雇用機会均等法がなく、女性の夜勤は禁じられていたものの、社会部には「夜回り」という制度があり、何があってもすぐ記者が対応できるよう社の車が夜中までぐるぐる町を走っていた。ある日、その夜回り中に暴力事件が起こって現場に駆けつけたところ、既に警官によりキープアウトの黄色いテープが張り巡らされていた。私が野次馬をかき分けてテープをくぐろうとしたら案の定、警官に「ちょっとちょっと」と止められた。そこで「中日新聞」と言うと「オーケー」とすんなり通してくれた。四十過ぎたばかりでまだ血気盛んな私は、警官に格好をつけたかった。野次馬から「オオッ」と歓声が上がり、少しばかり気を良くしたことも事実である。

昭和四十八年夏から十七回にわたり「28年目の証言・名古屋大空襲展に寄せて」の企画連載がはじまった。新人の私は取材に奔走、老若男女さまざまな生の声を聞いた。

社会部時代にひときわ印象深く感じたのが、婦人レクリエーションバレーボール、通称ママさんバレーの取材だ。定年後に社会部に戻った際、レクバレーに再会。第一回目は四十九チームで、四七八人でスタートしたレクバレーは、発足三十周年の平成七年には五〇四チーム、五三一三名に膨れあがっていた。決勝戦は写真部のカメラマンに撮影を頼んだが、さすがに毎日というわけにはいかないので、通常の試合やチームの紹介などは自分で撮影した。ところが常に動きまわるバレーボールが写真画面に写っていないといけない、これが難しかった。ママさんたちとは、取材後によく一緒に飲みにいった。

◉昭和48年1月 ——記者手帳から——

不幸な社会に暖かい手を

一九七三年は静かに明けた。毎年お正月の何日かは名古屋にもきれいな空がよみがえる。大気中の硫黄酸化物の濃度がダウンするためだ。今年の三が日は東京にいたが、やはりふだんよりは空がきれいに見えたし、車もスイスイ走った。いつもこんなだといいのになあとつくづく思ったことだ。

振り返ってみると、昨年は激動の年にふさわしく、国内でも海外でも重大ニュースが続発した年だった。国内についていえば一連の連合赤軍事件、日航機の墜落、北陸トンネル列車火災と、悲惨な暗い事件が多かった。もちろん日中国交樹立、高松塚古墳発見など朗報もあったが…。

そういう世界の流動に関係ないところで、ささやかに営まれるわれわれ庶民の生活にしても、人さまざまに迎えた七三年の朝であったろうと思う。一社会部員としての私自身についていうと、昨年中京病院で皮膚移植を受けたK君（三つ）の取材は印象深かった。皮膚を提供して下さった多くの方たちに話をきき、手術にも立ち合った。

二百余人の人たちの皮膚がK君の痛々しい体を暖かく包んでゆき、そしてシンの疲れる植皮手術を何時間もぶっ通しで続ける医者の努力を眼の辺りにして、やはりある感動を抑えることができなかった。しかし、やけどで苦しむのはK君だけではない。善意だけではどうにもならぬ面もある。幸い、これを契機として熱傷協会設立へワンステップを踏み出したことは大きな前進だと思う。スモン、ベーチェット病、膠原病などの難病に対してももっともっと国家の手が差し伸べられなくてはならない。

（中日新聞社会部・阿部孝子）

◉昭和48年9月15日

傷跡深く二十八年目の証言

二十八年目の証言として空襲の惨禍を伝え、改めて平和の意味を問い直そうという「名古屋大空襲展」が終わって一カ月になる。

六日間で十万人以上という入場者数は記録的な数字で、親子連れ、お年寄り、ヤングと幅広い年齢層の人たちがそれぞれ真剣な面持ちで立ちつくすように見ている姿に接すると、取材する方としても勢い緊張せざるを得なかった。そしてそれだけに反応もまたさまざまだった。

「私の背中にもまだ破片が残ってますよ」と中年の男性。「戦争には絶対にゆきたくない」と結婚している二十歳の会社員。「若い人たちが戦争を賛美することのないように」と危ぐする主婦もいた。

このほかにも「あの検死書は私が書いた」と名乗り出る人や「友人の爆死を初めて知りました」と連絡してきた主婦などが相次ぎ、数々のエピソードを生んだ。〝戦争は終わった〟あるいは〝戦争は風化しつつある〟といわれながらも、なおかつ空襲によって傷ついた多くの一般民間戦傷者はもちろん、そうでない人々の心にも戦争体験はいやされぬ傷跡を残しているいることをひしひしと感じさせられる。戦争のむごさ、そして新たな平和への祈りと―改めて多くの人が心に刻む機会を持ち得たのではないだろうか。

ことしも中秋の名月がやってきた。昭和二十年の九月のこの夜は名月が見れたのかどうか定かでないが、おそらく久しぶりに迎えた平和な秋の一夜だったろう。その時は考えもしなかった〝月世界〟への旅行がいま実現し、星条旗がひるがえっていようとは—。感慨無量の初秋の日々である。

（中日新聞社会部・阿部孝子）

◉昭和49年5月3日

意気盛んママバレー

春の一日、レクバレーを観戦した。レクバレー、別名〝ママさんバレー〟とのおつきあいが始まってから、もう一年半になる。

このレクバレー、いまでは全市的な規模にまで広がり、二百七十チーム、三千人以上の主婦が「ワン、ツウ、スリーッ、ラスト！」と名古屋方式のルールで、身近にスポーツを楽しんでいる。

ことしも市体育館などで「各区の春の大会」の真っ最中だ。歓声、拍手、ボールを打つ小気味よい音が一つになって、高い天井にはね返る—まさに熱気ムンムンという試合ぶりだ。

正直いってあまりすんなりした手足にはお目にかからない、どちらかといえばタテヨコボインボインの〝おばさま族〟だが、その顔の色つやの良さ、生きいきとした目の輝きに、私などはいつも圧倒されてしまう。体格も貧弱、生っちょろくておよそスポーツとは縁遠い〝モヤシ生活〟を送っている自分自身はいかにこの場のふん囲気にそぐわない存在であろうか、と身のひけ目を感じさせるほど、それはダイナミックな健康感にあふれているのだ。紺、赤、グリーンと、ユニフォームも一段とあざやかさを増した。

「この人たちが、昨年の秋以来、トイレットペーパーや洗剤買い占めに走った人と同じなのかなあ」とちょっぴり皮肉なことも考えたくなる。「バレーやってると更年期障害なんてないのよ」と、あるベテラン選手は笑って教えてくれた。底辺の拡大にこそスポーツの原点がある―というが、その意味でも、老若を超えて楽しめるレクバレーは、まだまだ力強い歩みを見せてくれそうに思える。

（中日新聞社会部・阿部孝子）

五線譜を駆け抜ける

―文化部・芸能部記者時代

昭和五十年、人事異動で文化部へ。まもなく音楽担当（芸能部）となる。足かけ四年の社会部生活が終わりを告げた。

文化部と芸能部は、もともと文化部としてひとつに纏まっていた。ところが終戦後、芸能関係に活気が戻り、テレビの普及で爆発的に需要が増えた。そこに文化部で演劇担当のK氏と音楽担当の私が、独立部署として新設された芸能部の配属となったのだ。

前述の通り、もともと医学の道を志していたが、理数科系の苦手意識が消えないまま高校一年生で断念。クラシック音楽を鑑賞したり、世界の名作を歌うことが好きだったので、恩師に誘われるままにK高校の音楽科に転入した。この時の経験が活かされる時が、ついにやってきたのだ。

ところが音楽の知識を得るために、大量の資料を読み込んでみるもお手上げ。すぐに音楽を目で覚えようなんて邪道と思い直し、「百見は一聞に如かず」の精神で、出来る限り沢山のコンサートに足を運んだ。年に二〇〇回近くのコンサートやステージに足繁く通い、同じだけの記事を書いた。振り返れば、恐らくこの時期が私の会社生活の絶頂期、水を得た魚のように生き生きと、めちゃくちゃに仕事をしたものだ。

クラシックの演奏会のロビーはサロンと化して、絶えず耳新しい情報が入った。昭和五十五年一月三十一日、地元バイオリニストのリサイタル会場の名古屋雲竜ホールで、音楽の仕事を通じて知り合った作・編曲家のO氏から、初めて話を伺った。「同期の桜」の作曲は西條八十より早く、自分が戦時中に作曲したものだという方が出てきて、いよいよ訴えることにしたというではないか。それ以前に「同期の桜作曲考」という小冊子に目を通していた私はピンときて、二月四日にはO氏宅を訪問。さまざまな取材を経て、二月十日にスクープ記事として大きく掲載。「同期の桜」の元歌「神雷部隊の歌」を作曲したという元潜水艦乗組員の作曲家Y氏が、作曲者不詳とせず認めてほしいと複数のレコード会社に損害賠償請求訴訟を起こすというこれ以上ない特ダネに、世間は大騒ぎとなった。

朝出勤したら、テレビ局が「同期の桜」問題を大々的に報道していて「おい、気持ちいいだろう」と皆にからかわれた。これほど記者冥利に尽きることはない。万が一、他紙にスクープを出し抜かれでもしたら、それこそ左遷されてもおかしくない大失態である。後日、社から表彰状らしきものと数千円の報奨金が出た。このご褒美には努力賞から社長賞までランクがあり、社長賞を貰うチャンスはまずないと言ってよい。私の記事は部長賞クラスだったようである。

東京で裁判が起こされた後は、東京新聞が取材を引き受けてくれた。結論から言うと、訴えた側の真っ赤な嘘だったことは驚きであり、残念に思われてならない。

昭和四十一年に設立した名古屋フィルハーモニー交響楽団は、同四十八年に財団法人となる。同団とは最初の二、三年は広く浅く交流していたが、私が根っからの音楽好きということもあってだんだん名フィルの魅力にはまり、まるで親衛隊にでもなった気分で応援するようになった。気がつけば、ほとんどの定期コンサートに足を運んでいた。そうして生まれたのが、昭和五十八年四月にはじまった十五回連載の「名フィル10年」である。同楽団が財団法人化してちょうど十年の節目、全ての記事を担当した思い出深い企画だ。この頃から、外部の「音楽の友」誌や五反田にある「週刊オン★ステージ新聞」などに、音楽批評を執筆する機会が生まれた。

音楽担当者というのは、のど自慢から演歌、ポップス、ロック、ジャズ、クラシックまで守備範囲が広い。歌手でお会いしていないのは、山口百恵氏、松田聖子氏、森進一氏、森昌子氏、美空ひばり氏くらい。加藤登紀子氏とは意気投合し、二人でよく飲みにいった。本当に酒が強い方で、その昔、栄で飲んだあとに、加藤氏がストリートミュージシャンに紛れてふざけて歌ったら「あんた歌うまいね」と言われて大笑いしたエピソードがある。

昭和五十七年、指揮者・松尾葉子氏がブザンソン国際指揮者コンクールで女性で初めて、日本人として小澤征爾氏についで二人目で優勝した。「女征爾」の異名を持つ彼女とは、取材を機に仲良くなった。朝日新聞に受賞のスクープを抜かれ、私が出勤したとたんに「遅い」と怒られたことは今でも悔やまれる。

バレエの取材では松山バレエ団の森下洋子氏をはじめ、松岡伶子バレエ団の松岡伶子氏、越智インターナショナルバレエの越智實氏、越智久美子氏夫妻など多くの出会いがあった。日本人はなぜ「白鳥の湖」が好きなのか、というテーマを与えられ、「白鳥の湖」にはバレエの全てのテクニックと魅力が詰まっているからだと知り、妙に納得した記憶がある。

中国や旧東ドイツなど、海外出張も数多くこなした。昭和五十二年、名古屋少年少女合唱団のスイス海外演奏公演に同行した。専属のカメラマンがいなかったので、予備を含めて二台のカメラ機材を担ぎながら、小学校から高校生までの元気な子どもたちと一緒にアルプス登山をしたところ、膝に水がたまり大変な思いをした。帰国後に病院に駆け込んだところ、水を抜いてもすぐまたたまるから無駄だと医師に匙を投げられた。代償は大きかったが、何が起こるか分からないからカメラは他人に持たせない、絶対に自分で持つこと、という写真部の教えを忠実に守り抜いたことだけは、自分を褒めてやりたい。
この音楽担当時代は、普段どういう生活を送っていたのか、出勤がいつだったかさえ覚えていない。ほとんど会社の机につくことなく、飛び回っていたと思う。

◉昭和54年2月10日　――「同期の桜」作曲者は私――

自作『神雷部隊』そっくり／福岡の元潜水艦乗組員が名乗り

〝作曲者不詳〟とされてきた「同期の桜」の元歌「神雷部隊の歌」を作曲したという元潜水艦乗組員が「〝同期の桜〟は私の作った曲（神雷部隊の歌）とそっくりだ。この際、作曲者不詳とせず、私を作曲者として認めてほしい」と、近く東京地裁に日本コロムビアなどレコード会社五社を相手どり、損害賠償請求の訴訟を起こす。この人は、福岡県の作曲家Yさん（六一）で、作曲者であることが正式に認められるためには、損害賠償請求という法律的な手段に訴える以外、方法がないからだ。この訴えには、かつての戦友、名古屋市のOさん（五四）＝作曲家、O短大助教授＝も〝生き証人〟として名乗りを上げている。

レコード五社相手に認知求め賠償訴訟へ

Yさんによると、この「神雷部隊の歌」は昭和十八年五月ごろから同十九年六月までかかって作曲、最後の仕上げは、当時、石川県にあった山中海軍病院で行ったという。

Yさんは京都市出身で昭和十三年、海軍に入隊、潜水艦乗務をへて、十九年五月、山中海軍病院勤務になった。

机の引き出しにいつも音楽の教則本を入れていたほど音楽好きだったYさんは、厳しい軍務のかたわら歌詞を書き、曲をつけ、自信のある作品は、当時東京にいた作曲家・T氏に送って添削を受けるのが慰めだった。

そのころ戦局は悪化、Yさんの弟が乗っていた潜水艦がサイパンでやられたといううわさが流れ、激しく心を揺さぶられた。隣接する小松海軍航空隊に特攻隊神雷部隊が在留しているといううわさを耳にしたこともあり、飛行機乗員と潜水艦乗組員とは海と空の違いこそあれ、散るときの気持ちは全く同じに違いない――と複雑な心境から特攻隊をテーマにした曲を作り始めた。前の年から書きためた断片的な歌詞に、現在の心境をつづり合わせた歌詞ができ、曲も一コマずつ組み立てられていった。現在広く愛唱されている「同期の桜」と「神雷部隊の歌」は歌詞では「みごと散りましょ」（同期）「みごと散ろうよ」（神雷）と一カ所の違いがあり、メロディーでは七カ所の部分的な相違がある。

歌詞についてもYさんは「〝神雷〟の詞は私が書いた。だから〝同期の桜〟の作詞が西條八十となっているのには異議がある。西條さんが書いたのは〝二輪の桜〟で、これがいつの間にかすりかえられたのではないか。ただ私が〝神雷〟の歌詞を作ったことを証明する記録が不足なので、今回の訴訟では詞については除外する」と語っている。

Yさんが「同期の桜」はもしかしたら自分の作品ではないかと気づいたのは戦後の三十四年、ラジオから流れるメロディーを聴いたときだ。自分の歌がレコードになっているとレコード会社や文化庁に問い合わせたが「証明する資料を示せ」などの回答であきらめていたという。新たに問い合わせた日本音楽著作権協会からの回答や「神雷部隊の歌」を添削したT氏の書簡、当時山中海軍病院でこの歌についてアドバイスしたOさんの証言などを手がかりに訴訟の意思を固めた。

訴訟を起こすのは二月末と予定しているが、準備をすすめているYさんは「私は決して金目あてではない。もし著作権料がもらえればそれで特攻隊ゆかりの地、鹿児島か舞鶴に慰霊塔を建てたい。私の青春のあかしであり、戦友の魂のこもったこの歌のために真実を明らかにしてほしいと願うだけです」と語っている。

Oさんの話

私も音楽の勉強をしていたので、山中病院ではよくYさんと音楽の話をした。ある日、こんな曲を作ったが感想を聞かせてほしいと譜面を持ってこられた中に、確かに「同期の桜」の元歌と思われる「神雷部隊の歌」が入っていた。私なりのアドバイスをした記憶もあります。

「同期の桜」

〽貴様とオレとは同期の桜
同じ兵学校の庭に咲く
咲いた花なら散るのは覚悟
見事散りましょ　国のため

「神雷部隊の歌」

〽貴様とオレとは同期の桜
同じ神雷の庭に咲く
咲いた花なら散るのは覚悟
見事散ろうよ　国のため

◉昭和55年3月10日　――中日編集局報――

音楽会で拾った特ダネ／『同期の桜』著作権訴訟

〝「同期の桜」作曲者は私〟は二月十日付紙面に載ってからちょうど三週間たった三月三日、東京地裁に「音楽著作者確認等請求事件」として提訴された。当日のもようはマスコミが一斉にとりあげ、新聞やテレビで報道されたが、取材した私自身、改めて「同期の桜」がいかに大きな影響力を持っているかを、思い知らされた。今回の事件を通じて私はいろいろなことを学んだ。以下は取材メモから引っ張り出した「同期の桜」のテンマツ記である。

『訴えるらしいよ』

「同期の桜」取材のきっかけはさる一月三十日、ある地元バイオリニストのリサイタルが開かれた名古屋・雲竜ホールのロビーから生まれた。

「阿部さん、例の話ね、いよいよ具体化しそうですよ」。声をかけてきたのはこんどの訴訟で〝生き証人〟として出廷するはずのOさん(O短大助教授)である。OさんはCBC制作の東芝日曜劇場のテーマ音楽を書いたこともある作・編曲家で、もちろん音楽の仕事を通じてそれまでもつきあいのある人だった。

「えっ、どうなるんですか」と私。「二月末に訴訟を起こすらしいですね」「⁉」。実はその少し前、私はOさんからシングル盤「どん亀(がめ)秘曲」と「同期の桜作曲考」という小冊子を受け取っていた。レコードの作・編曲はOさんで〝「同期の桜」の元歌「神雷部隊の歌」の作者Y兵曹に贈る〟という副題つき。冊子もまた〝名曲のルーツを探る〟というものだった。この冊子の内容から「同期の桜」の元歌の作曲者として名のりを上げているのが福岡市のYさんという人であることを知り、少なからず関心を持っていたのだが、こんなに早く取材の機会に恵まれるとは思っていなかったので、びっくりした。

大至急送ってもらった資料に目を通す。これはモノになる! 「全国的なニュースだ。

軟派でいこう」――部長のゴーサインが出た。二月四日夜、さっそくOさん宅へスっとんだ。正直いって私には一つの当惑があった。それは訴訟がからんでいたことだ。私の法律の知識はせいぜい日本国憲法どまり、それもウン十年前だ。戦後三十五年、世代を問わず愛唱されてきた「同期の桜」の作曲者が現れ、しかも著作権確認の訴えとなれば、恐らくすごい反響を巻き起こすだろう。並みの取材ではすまない。ええい、あたって砕けろ、まさに特攻隊並み？ の決意で仕事が始まった。

まず考えたことは、できるだけ多くの関連取材をすること。結婚コンサルタントをしているYさんの帰宅を待って何回も福岡へ電話をし、Oさんの話も含めて曲の完成するまでのいきさつをまとめた。次は弁護士への打診。ほんとうに訴訟に持ち込めるのか、勝算は？――。素人に根掘り葉掘り聞かれて、向こうもさぞかしヘキエキしたことだろう。

半日遅れたら負け

故・児玉隆也氏著「この三十年の日本人」も参考になった。この中に〝「同期の桜」成立考〟という一項があったからだ。幸い文中に名前の出てくる作曲家で音楽評論家のMさん、Fさんは名古屋在住の方である。Fさんは元海軍少尉、日本経済新聞名古屋支社勤務とあり、営業マンとして健在でいらしたのにはうれしかった。そして「この歌は私たちの魂の歌です。詠み人しらずのままそっとしておいてもらった方がいいのかも…」と語ったFさんの気持ちもまた理解できるように思えた。

二月八日、Yさんが相手どるレコード会社のうちの一社、日本コロムビアのコメントをとって、取材はほぼ完了。名古屋では他社に洩れていない自信はあるが、Yさんの出身地である、京都の法律事務所が窓口だけに、地元紙が密着取材しているらしいことはわかっていた。半日でも遅れたらこちらの負け。紙面になるまで、ほんとうにヒヤヒヤの毎日だった。

こんどの取材で、空襲でしか戦争を知らない私にも、だんだん「同期の桜」という曲の持つ意味がわかってきた。ある世代の人たちはこの歌を決して無心には聞けない、あまり歌おうともしないし、ましてやコーラスで大声をはり上げて歌うことはないのだ、という。Yさんは「この歌は私の青春のあかしです。そのためにも作曲者であることを認めてほしい」と語っていた。

決着はいまは裁判の結果を待つしかない。しかし、それがどうあろうと、この時代を生きたほとんどの人にとってやっぱり「同期の桜」は一つのあかしとして心に残ることになるだろう。私に数多くの情報をもたらしてくれた人たちの一様に熱意に満ちた言葉が、それを

物語っている。　　　　　　　　　　　　　　（文化部・阿部孝子）

●昭和55年3月14日

『同期の桜』はレクイエム

「同期の桜」ほど日本国民の広い世代にわたって口ずさまれている歌は少ないだろう。長い間〝作曲者不詳〟とされていたこの歌の作曲者が名乗り出て、レコード会社六社を相手どり著作権確認の訴えを起こした事件が最近あった。

ふだん「同期の桜」について深く考えたこともなかった私だったが、こんどのこの取材を通じてさまざまな人に会い、いくつかの印象深いできごとにぶつかった。その中の一人が名古屋在住のFさんである。

Fさんは元海軍少尉で、回天特別攻撃隊多聞隊の一員として生死のはざまをかいくぐってきた方だった。私の話を聞きながらFさんは「そうですか、作曲者が名乗り出たのですか。私としては作曲者がわからないままにそっとしておいた方がいいような気もしますが。でも、私たちの目の黒いうちに事実がはっきりしたら、とてもうれしいと思います」と、しんみりした表情だった。

Ｆさんが持ってきて下さった資料の中に、変色した一枚の写真があった。それは船の甲板にずらりと並んだ軍人たちの記念写真だった。いまは五十六歳になったＦさんの若い顔があった。どの顔にも幼さが残っていた。「このうちの半数は戦死しました——。」

Ｆさんは「同期の桜」を歌うことはめったにない。戦友たちとの同期会でも合唱などしない。「そう、歌うときは一人で風呂の中でボソッとね」

私にはＦさんの気持ちがわかるような気がした。「同期の桜」はレクイエムなのだ。そしてもしかしたら〝時代〟こそこの歌の真の作者かも知れない。（中日新聞文化部・阿部孝子）

◉昭和55年6月27日

東独の夫婦は共働きが多い

先日、仕事でドイツ民主共和国（東ドイツ）へ出かけた。

私たち日本人はこの国についてほとんど知らないが、私自身もこんどの旅行で、さまざまな興味深いできごとや話にぶつかった。その一端を披露すると──

東ドイツ千七百万人の半分は労働人口。十六歳から六十歳までの女性の八五%が働いているというから、ほとんどが共働きといっていいだろう。しかし、離婚率は高いし、未婚の母も珍しくない。

私たちの通訳を引き受けてくれたドレスデン在住のある日本女性によると、同じアパートに住む独身女性の部屋の前に突然、乳母車が置いてあり、変だなあと思っていたら、いつの間にか赤ちゃんが生まれていたとか。

しかし、女性が働く条件は恵まれていて、産後八週間の有給休暇があり、二人目の出産からは企業も一年間の休暇を認めているという。つまり職場復帰も可能だし、企業はその間、勝手にクビを切れない。託児所も食事代以外は無料である。

一ヵ月の一人あたりの平均収入が八百マルク(約十万円)～一千マルク(十三万円)という東ドイツの人たちの生活は大へん堅実だ。物価は生活必需品は安く、ぜいたく品は高くというお国柄らしいが、それにしてもベルリンの一流オペラが最低三マルク(三百九十円)で見られるのは驚いた。一方、大衆タバコは一箱四マルク半(約五百八十円)なのである。

私たちが行ったころはリンゴが店頭に出ていた。日本より小粒、色も形も不ぞろいだが、味はけっこういい。この日本ではとても商品化されないだろうと思われるリンゴを見ていたら、日本の泥をきれいに落とした野菜、ピカピカにみがき上げられたリンゴがほんとうに必要なのだろうか、と感じさせられた。

（中日新聞文化部・阿部孝子）

◉昭和56年9月11日

百見は一聞にしかず

この原稿を書くにあたって「誇り高く書け」というご注文らしいが、とてもそんなわけにはいかない。第一、自分の仕事についてあれこれ書くのは苦手だ。にもかかわらず、私は引き受けてしまった。意思薄弱なのである。

音楽を担当して満六年たった。いまや私の頭の中は昔の大洪水である。それも同種の音楽ではない。クラシック、ニューミージック、ポップス、ロック、演歌…

左半分でショパンの「ピアノ協奏曲第一番」が鳴り響いていたかと思うと、右半分では演歌の「大阪しぐれ」かなんか聞えていたりする。まあ、例えていえば、こんな具合だ。

この仕事について早々、音楽の知識を得るために、私はさまざまな資料を読み始めた。しかし、これはすぐさまお手上げ。膨大な、しかも多種多様の歌手やグループの名前すらスンナリ頭に入ってこない。大体、音楽を目で覚えようなんて邪道だ。「よし、百見は一聞にしかず?」と、私のコンサートめぐりが始まったのはそれからだ。

いまでは年に二百近くのコンサートを聴いているが、一度耳にした音楽は頭の片すみにどこか残っているもので、これはのちのち役に立っている。

コンサートに行くことで生まれるメリットは音楽以外にもある。それは多くの人に会えるということだ。

とくにクラシックの演奏会ともなれば、休憩どきのロビーはさながらサロンと化す。とりとめのない話が多いが、ときには「ヘエー」「ハハーン」というような耳新しい情報にもぶつかる。これがなかなかバカにできない。事実、私の書いた特ダネの何本かは、そういうところから生まれている。

私がコンサートあさりをやめられないのは、どうやらここらあたりにも理由がありそうだ。新聞記者って、おかしな商売だなあ。

（芸能部・阿部孝子）

◉昭和60年7月10日　――編集局報　音楽記者奮闘記――

コンサートの〝ハシゴ〟続き／思い出すソ連バレエ団員亡命事件

「きょうもまたコンサートかい?」という声を背にしながら、午後六時を過ぎると、席を立つことが多い。

私は音楽担当。それこそ〝ド演歌からクラシックまで〟。さらにバレエ、モダンダンスも守備範囲に入っている。というと、一口ですんでしまうが、クラシックはともかく、ポピュラー音楽の多種多様さは想像以上だ。

例えば演歌だって〝エンカ〟という言葉でひっくくれるかどうか――。ことほどさように多種多様の音楽にたずさわる人々が多種多様のコンサートを開く時代だ。ちなみに七月一カ月のコンサート回数を調べると、百回に近い。これはやはりすごい数だ。東京の音楽界は、ここ数年飽和状態にあるが、名古屋も近い将来、そうなるだろう。

と、いうわけで、私のコンサートホール通いも、もっぱら、この音楽状況のせいなのだが、どうしても聴いておきたいコンサートが重なると、いきおい〝ハシゴ〟をやらざるを得ない。

そういうときは、前もって二つのプログラムをにらみ、前半、後半、どちらを先にするかを決めてスタートする。世の中には同じようなことを考える人が、けっこういるらしく、ときどき会場で知り合いとハチ合わせしたりする。

「おタク、向こうのコンサートはいかがです？」

「ちょっとのぞいて、いまここへ着いたばかりで」

「ああ、それじゃ、私はその逆なんです」

といった会話が展開されることも多い。

思うに私の頭の中は、音楽の〝ゴッタ煮〟みたいになっているに違いない。ベートーベンとマイルス・デイビス、田原俊彦あたりを混ぜ合わせ、それにシャンソンをちょっぴりふりかけて、といっていいのかしら？

いま私のデスクの上には、八月の名古屋公演が行われるボリショイ劇場バレエ学校のチラシが置いてある。

〝ボリショイ〟という文字を見ると、あざやかによみがえってくるのが、五年前のボリショイ・バレエ団員の亡命事件。公演地である名古屋からひそかに脱出、アメリカに亡命したのだが、本社の主催だったこともあって、関係者全部を巻きこんでの大事件だった。

最近、その亡命者の一人、スラミフ・メッセレルさんにお会いした。もう八十歳に近く、いいおばあちゃんになっていらしたが、当時のことと思い合わせて、ほんとうに感慨深いものがあった。

この亡命事件などは当然のことながら、降ってわいたようなできごとだったが、コンサート会場や、そこにやってくる人たちの間にも、なかなか面白い話がころがっている。つまり音楽を聴くこと以外に、プラス・アルファの魅力が、コンサートにはある。

東京はいざしらず、名古屋の音楽人口は、とくにクラシックの場合だが、びっくりするほど多くはない。

だから、休憩時間のロビーは、知人友人同士でさながらサロンと化す。そういうとき、あるいは終演後の世間話の席で、たまたまチャンスはやってくる。

「ボリショイで〝夢のプリマ〟」(五月二十二日付)の原稿も、そんな時に拾った話に肉付けし、モスクワの大熊特派員にフォローしてもらってでき上がった。

これから猛暑のシーズンに入ると、野外ロックコンサートがぐんと増えるだろう。何万人もの若者がエキサイトするコンサートは見ものだ。

ということは、私の頭の中を、まだしばらくオタマジャクシが乱舞するということである。

（芸能部次長・阿部孝子）

名フィル10年

（昭和58年4月18日～5月16日）

1

草創のころ㊤　みんな手弁当

名古屋フィルハーモニー交響楽団（楽員数68人）が財団法人になってこの二十日に十周年を迎える。中部地方唯一のプロのオーケストラとして大きく活動の輪を広げ、音楽文化の中心になっているが、たどってきた道は平たんではなかった。そして、いまなお理想とは裏腹に、現実的なさまざまな問題も抱えている。任意団体時代を含めて十七年間の歩みの中から喜び、苦しみを浮き彫りし、改めて発展への道を考えたい。

ここに一枚の古ぼけたコピーがある。「私どもの目的は名古屋にいいオーケストラを作りたいということです。将来定期演奏会を持ちたく思います――」

名フィル結成にあたり、メンバーとして参加してほしいという四十一年ころの呼びかけ文だ。

オーケストラを生み出す重要なきっかけは、それ以前からあった。昭和三十七年から始まった「第九」演奏会だ。名大、南山大、名古屋市民管弦楽団などが参加しての名古屋オーケストラ連盟が演奏を受け持ち、これが五年間も続いていた。

「四回目を振ったのは私ですが〝オケ連〟は人数的にも技能的にも貧弱だった。定期的な活動のできるオーケストラを作ろうという機運が徐々に高まっていったんです」と当時、名古屋放送管弦楽団の指揮者だった清田健一さん(現南山大講師)。四十一年春のことである。

しかし、オーケストラの運営には資金がいる。どうするか。発起人の一人、松木章伍さん(現東京フィル事務局長)には自信があった。「学校の音楽教室の出演料で食っていける。大丈夫」

松木さんは東京フィルのバイオリン奏者だったが、名古屋に骨を埋めるつもりで河合楽器の指揮講師として勤務していた。

確かに時機が熟していたのだろう。オーケストラは胎動し始めた。四十一年七月十日、河合楽器の五階ホールで第一回練習が始められた。

OBたちの記憶をたどっても、メンバーは四十人にも満たなかった。第一バイオリン五人、第二は五人と当時の記録には見える。音楽大、一般大学のOB、学生たちと、みな若かった。いい音楽を生み出そうと燃える〝同志〟だった。

しかし、問題がなかったわけではない。当時、活発に活動していた名古屋放送管弦楽団との交友を保つ上での配慮だ。音楽教室を大きな活動の場にしていた同放送管弦楽団にとってみれば名フィルはケムい存在だった。

「自分たちの職場を荒らすなという個人的な抗議やいやみが集中しましたね」（横江佳憲さん＝現会社役員）

幸いこれは正式の抗議にまでは至らなかった。

こうして東海高校などいくつかの学校演奏を実現しながら、第一回定期演奏会を目ざすことになる。もちろん個人的なギャラは全くなかった。

2 草創のころ㊦ 順風の〝船出〟

第一回定期が披露演奏会として開かれたのは四十二年十月二十一日（愛知文化講堂）。誕生して間もないオーケストラとしてはフルスピードの第一声だった。

「時期尚早」と不安がるメンバーを勇気づけたのは、活動の中心になっていた松木章伍さんの「エキストラを呼んでやれば必ず成功する」という言葉だったという。

小編成でもできるプログラムをと選んだ曲目は「交響曲」第二十九番、第四十一番、「ホルン協奏曲第三番」ほかの「モーツァルトの夕べ」。

メンバーの服装はダークスーツに統一したものの、黒ありグレーあり。そのうちに「黒のチョウネクタイが足りないゾ！」

で「それ！」と飛びこんだのが愛知文化講堂地下のレストラン「ミカド」だった。ボーイさんの〝チョウネク〟がちょこんとメンバーの襟元に。貧しいが、ほほえましいスタートだった。

「客よ、入ってくれ」。メンバーは祈るような気持ちだったに違いない。それがどうだろう、あふれるような人、人、人…。翌十月二十二日の中日新聞の評にはこうある。「鮮やかなリズムとさわやかな表情、バイオリン群の清潔な響き…」

「私はビオラを弾いてたんですけど、ホルンを独奏した千葉馨さん（N響）にこのオーケストラは音がいいなとほめられて、とてもうれしかった」（本多忠三＝現ナゴヤ・ディスク社長）

歯車が確実に一つゴトッと回った。この演奏会が不成功に終わっていたら、おそらく今日の名フィルはなかったろう。大きな励みだった。

第一回の定期演奏会で初めてメンバーにギャラが支払われた。五千円、四千円、三千円、二千円の四段階。

経理担当の横江佳憲さん（ベース）はこのころ、メンバーの出演料の一割を天引きして預金に回している。強気で理想家肌の松木章伍さんに対して、いかにも名古屋っ子らしい堅実さではないか――。ちなみに第一回定期関係の支出は八十八万三千百二十五円、収入は九十万二千二百円。差し引き一万九千七十五円のプラスと会計報告されている。

〝無〟から〝有〟を生ずるには、常に巨大なエネルギーが必要だ。団員の情熱はもちろんだが、名フィル創設の陰にはもう一つ別のパワーが働いた。

河合楽器名古屋支店（当時）、朝日新聞名古屋本社、名古屋テレビのバックアップだ。それぞれ立場こそ違っているが、二百万都市名古屋に市民のための市民のオーケストラを育てようという気持ちは一つだった。

とくに河合楽器は野々山享さん（現同支社販売促進担当課長）の英断で、そのころ年間三百万円以上の経費を注ぎこむなど、運営面で大きな役割を果たしている。

三者の援助は形を変えながら続いている。

3 財団法人化　紛糾続きの中

四十五年に四十一回、四十六年五十一回、四十七年七十七回と、年々演奏会の回数を増やしながら力をつけていった名フィルに、財団法人化の話が持ち上がった。四十七年秋である。

当時すでに、大中ホール合わせて三千数百の座席を持つ名古屋市民会館がオープンしていたが、名古屋市民局長・清水光春さん（現舞台芸術鑑賞協会会長）には一つの構想があった。

「〝入れもの〟をつくることは簡単だが、中身が問題。少なくともオペラ、演劇をやれる小屋をつくろうという希望が市民会館の建設委員会にあったが、これもホールをただ貸すというのでは地元文化は育たない。〝座つき〟のオーケストラ、オペラのグループがぜひほしかった」

そこへ名フィル理事長・牧定忠さん（現名フィル理事、名芸大学長）からの法人化の相談。「経営が行き詰まっているから」という理由だが、自分の構想にぴったりきた清水さんは二つ返事で引き受け、認可権のある愛知県や名古屋市への根回し、説得に当たった。

名古屋市が一千万円を出資し、財団法人としてスタートを切ったのは、翌四十八年四月だ。国、愛知県、名古屋市の補助金も増額されてはいた。が、すでに経営が苦しくなっていた名フィル内部が、法人化をめぐって紛糾したのはその前後。

慎重・賛成両派の議論の焦点は「金か、芸術か——」。

もっと補助金が増えてからでも遅くはないとする慎重派に対して、若手の賛成派が「音楽は芸術だ！　金ではない」と激しく詰め寄る一幕もあった。

さらに紛糾のタネがもう一つ。契約問題である。

任意団体から財団法人、つまりプロ団体に移行するに当たって、対個人に契約を結ぶことになる。

〝AB契約〟といわれた契約は、専属の場合のA契約（月給）、Aに移行する可能性のある者が結ぶB契約（出演一回ごとのギャラ）の二種があった。

全員がA契約を結ぶことが望ましいが、ほかに職業を持っている人たちも多く「いまは安い月給でA契約を結ぶと生活に困る」とB契約に落ち着いた楽員もあった。

これに対し、A契約グループの中から「片手間にオーケストラをやってもらっては…」と反発する声があり、もめた。

四十九年三月七日の「共産党事件」も忘れられない。

愛知県体育館で共産党の二万人集会が開かれ、コンサートを依頼された名フィルが出演したために県・市議会で追求された事件だ。名フィルにとっては、政党色に関係なくただの〝お座敷〟だったわけだが、一時名フィル批判が強まり、後々まで尾を引いた。

また、四十九年から五十年にかけては技術的な問題で楽員同士の反目があり、かっとうが続いている。激動の時代であった。

4 組合誕生 〝生活〟かけて

「情熱、献身にも限界」と名フィルが労組結成に踏み切ったのは、五十年七月だ。

前年から賃金、労働条件などの要求をまとめ、財団理事側と交渉を重ねていたが、期待した回答が得られないまま労組結成を決議、東京都響、群馬響についで日本演奏家協会三番目の支部として発足した。

〝苦悩する楽団〟から〝闘う楽団〟への脱皮だ。

当時の労組資料によると、楽員の初任給は六万九千円、平均年齢二十七歳で平均賃金八万四千円とある。札幌響は平均賃金で十三万二千円、京都市響は十三万九千二百円だから、かなり差があった。

ここでは労組の〝事件簿〟から賃金、労働条件などをめぐる三つの主な事件をひもといてみたい。

一つは五十三年四月十日に展開した〝春闘演奏会〟。三万円のベア要求を出したが、回答は二千円、これを不満として名古屋市役所前で集会を開き、マーチを演奏しながら待遇改善を要求した。

このとき、理事者側は「累積赤字（三千万円）の解消が先」と説明している。ともに旗印は健全な運営のはずなのだが〝不協和音〟は深刻だった。しかし、このストをきっかけに一万円のベースアップが実現した。

マスコミをにぎわした事件に「名古屋二期会ゲネプロ事件」がある。

五十二年十月十二日、同二期会主催のオペラ「魔笛」のゲネプロ（通しげいこ）で練習終了時刻を舞台監督と指揮者が厳守しなかったために、一部楽員がオーケストラピットから降り始めたのを、舞台監督が「バカヤロウ」呼ばわりした事件だ。

話し合いは最後までつかず本番はくすぶりを残したまま名フィルが演奏した。「音楽家も労働者、労働条件を守るべきだ」という意見がある一方では「いい音楽を作り上げるためには時間なんて」の考え方もある。「芸術か、現実の生活か」どちらを先行させるか、は一概に判断できないところだろう。

ある楽員に対する「ヤミ給与」つまり協約違反で紛糾したのは五十四年十月のこと。団体交渉の中で給与台帳を調べたことから発見されたというもの。通常契約にプラス月額五万円が、口約束で〝ヤミ給与〟されていたことに怒りが爆発。理事者側がこれを認めたため是正を要求、その後五年間かかって〝ヤミ〟分を全楽員の基本給に繰り入れることで解決している。

現在は平均年齢三十二歳で十九万一千四百九十円（労組調べ＝57年度）。札幌響、京都市響との格差は縮まりつつはあるのだが…。

狩野誠委員長らはいう。「レコード、楽器代に至るまで自分の給料からねん出しなくてはならない。音楽家として成り立つ賃金の確立をめざさなくては。それには、オーケストラ運営は、このようにされるべきという基盤をはっきり定めることが必要だ」

5 赤字にあえぐ　定期ジレンマ

プロのオーケストラは音楽という〝商品〟を売って収入を得る。この中から楽員に給料も支払わなければならない。

ところがオーケストラの経営には膨大な経費がかかる。

いまの日本の状況では、それに見合った収入を得るのはとうてい不可能で、財政問題が、どのオーケストラにも共通した大きな悩みになっている。

名フィルの資料（57年度）で見ると、支出は計四億円余。人件費（楽団員給料、事務局費）が三億円余、事業費が一億円という内訳である。

これに対して、収入は演奏会などで稼ぎ出した事業費約二億円でしかない。これではやっていけないので、いきおい〝生活保護〟を受けざるを得ない。国（文化庁）、愛知県、名古屋市からの補助金交付や財界、一般市民からの援助がそれに当たる。

国は年間三千百万円、愛知県は四千万円、名古屋市は八千万円を交付しているが、名古屋市は、これに実質的な補助金の上乗せである四千万円の無利子貸し付けも行っており、補助金がいかに大きなウエートを占めているかがわかる。

ちなみに事業収入の二億円は大阪フィルにつづいて二番目で、名フィルは大した〝働き手〟といえそうだ。といって、決して高額な給料をもらっているわけではないのだ。

何もしないでも苦しいのに定期演奏会などの自主公演を行うと完全に赤字。五十七年度の定期演奏会では、一回当たり約六十万円の赤字が出ている。これが年間九回もの回数になると、深刻だ。

一流のソリストやエキストラを招けば経費がかさむ。積もり積もって四千五百万円の累積赤字にあえいでいるというのが、名フィルの現状だ。

「定期演奏会をやればやるほど苦しくなる。エキストラを少なくするとか、宣伝費を削るとか、いろいろ苦心しているが、とても追っつかない。定期の回数を減らすことも真剣に考えているくらいだ」と田中公雄常務理事。

文化庁の基準では、定期演奏会は最低五回開けばいいということになっている。

しかし、オーケストラの真価を問うのが定期演奏会とすれば、これを減らすのはかなりの抵抗があろう。

いま名フィルは弦楽器部門の強化を迫られているが、財政難のため、それもままならない。一般の企業であれば、人数を減らして効率アップを図るのが、正常な経営感覚だが、オーケストラはまさにその逆。

いい音楽を提供しようとすればするほど、編成を大きくしなければならないという大きな不合理性を抱えている。

この財政問題を打開する根本的な方策が立たない限り、日本のプロ・オーケストラは〝さまよえる〟存在でしかない。

6 定期演奏会㊤ 着実に増える

オーケストラにとって演奏会、とくに定期演奏会はもっとも大切な研究発表の場だ。

五十八年四月現在の資料から公演回数を拾ってみると、定期演奏会を含めて五十五年度百十二回▽五十六年度百三十六回▽五十七年度百三十四回▽五十八年度百四十二回（予定＝放送を含む）とウナギのぼり。五十八年度の数字は過去最高の回数を示している。

では、定期演奏会（第一回～九十三回＝58年3月）で、どんな曲目が多く演奏されたか。

まずブラームス「交響曲第一番」が六回▽「第二番」が五回▽チャイコフスキー「交響曲第

四番」ベートーベン「バイオリン協奏曲」各四回▽あとベートーベンの「英雄」「田園」「第七番」「第八番」ベルリオーズ「幻想交響曲」が三回ずつで続く。

「指揮者はブラームスがお好き」というわけでもあるまいが、とにかくこのロマン派の巨匠、大もてなのである。

名フィル前理事長の牧定忠さん（名芸大学長）は第一回からずっと定期演奏会を聴き続けている。ただの一回を除いて…。

「あれはいつだったたか、うっかり忘れてて、夜、電話がかかってきてね。〝きょうは定期でしたけど…〟っていうわけ。ハッと気がついたが遅かった」

その牧さんが語る演奏会のあれこれ談議——。

まずは、ざっと流れを。

任意団体時代は、みながオーケストラを作ろうという意気に燃えていた。ところが財団になってみると、月給制度がとられたりして、なんとなく事務的になってきているというのが牧さんの見方だ。

「経営者、事務局、楽団の三者がぴったり合わなくなった。いきおい思い切った企画が出なくなる。客が来ない、収入が落ちるという具合なんですね。名古屋市から定期を減らすようにいわれたりもしたが、それはできない、ということで、これはもうジレンマでしたよ」

しかし、名フィルにもわずかだが、ファンがいるのが救いと牧さん。

「ほんと、いるだけまし。タクシーに乗っても〝市民会館〟っていうと〝名フィルのコンサートですか〟といわれたりしてね。実にうれしいですよ」

ポピュラー路線けっこう。せっかくフルオーケストラを持っているのだから、何でも演奏すべきだ。それが勉強とアドバイス。低迷の時期を過ぎて、いまやパワーアップした名フィルに、この先、定期演奏会でどんな曲目に挑戦していってほしいか。

「マーラー、ブルックナー、R・シュトラウス、といったところをあまりとりあげていないんですよね。それからフランスものをぜひやってもらいたいと思いますが」

テイチュウ(定忠)さん、名フィルを愛してやまないのである。

7 定期演奏会㊦　秋に100回達成

定期演奏会の流れを、チケット売り上げ数という別の角度からのぞいてみると――。

チケット売り上げ数は、有料の聴衆がどのくらい入場したかを示す。五十三年度以降を見るだけでも、これはかなりのデコボコが目立つのだ。

例えば五十四年度の最低は第六十八回（3月21日）の四百七十二人、最高は六十六回（11月28日）の千百五十五人、年度平均入場者数は七百六十五人という寂しい定期演奏会だった。

空席をかこったのは五十五年度も同じ。七十一回（6月21日）は四百六十九人と惨敗だった。この数字は五十三年度以降からだけでいえば、最悪というありがたくない記録である。

しかし、七十四回（11月28日）は千六百二十八人と息をふき返し、この年度の平均入場者数は八百七十八人と、わずかながら伸びている。

以下、たどっていくと、五十六年度は最高が七十九回（6月21日）の二千百四十八人、平均入場者数千十人、五十七年度になると、最高が八十九回（9月3日）の千五百人、平均入場者数が千百四十三人で、やや明るい兆しが見え始めた。

その中で人気のあった七十四回（55年度）、八十九回（57年度）のソリストが、いずれも荘村清志、山下和仁というギター奏者だったことは興味深い。

定期演奏会の入りを左右するのは指揮者、ソリスト、プログラミング？　あるいはそれにプラスアルファが複雑にからみ合うのか。

プログラミングについて音楽総監督の外山雄三さんは「指揮者にとってプログラムづく

りは何より大切。これが決まれば、半分以上できたといっていい」と、重要性を語る。

就任時に過去の全プログラムを綿密に検討した外山さんは、一人前のオーケストラとして当然とり上げていいはずの交響曲が、レパートリーに入っていないことを指摘している。

「純粋にプログラムを見た上での意見だが、だれもが知っている曲を配置する配慮に欠けている時期があったようだ。最もポピュラーな名曲というのは、そう数があるわけではないから、そこが苦しいのですが…」

外山さんがいまレパートリーとして加えたい曲は、シューマンの「交響曲第四番」プロコフィエフ「古典交響曲」あるいはメンデルスゾーン。ヒンデミットもまだ登場していない。

しかし、と外山さんは強調する。プログラムが何であれ、演奏がよくなったから聴きに行こうという気にさせるのが、ホンモノのオーケストラのあり方なのだ、と。

「〝名フィルもなかなかやるじゃないか〟という言葉が出てきたらいいが」

定期演奏会は、この十一月で第百回を迎える。名フィルにとっては一つのモニュメントだ。

8 歴代指揮者㊤ 若さと情熱と

オーケストラと指揮者は切っても切り離せない関係にある。音楽的ばかりでなく、人間的にも楽員とうまくかみ合わなくては、すぐれた音楽を創造することはできない。それだけに楽員たちの指揮者に向ける目はユニークだ。ここで歴代の指揮者をちょっぴり斜めから拝見——。

▼清田健一さん（41〜44年在任）

草創のころメンバーと苦労を分け合った仲。

〝キヨケン〟さんで最も印象に残っているのは指揮棒を振り下ろす前のかけ声。ちょっと内にこもる九州なまりの早口でまくしたてた後「せーの」とくる。

メンバーは何をいわれたのかさっぱりわからずポカン。いらい〝キヨケン〟さんが指揮台に立つと「それ、くるぞ!!」。

山登りが大好きなことも有名だ。そのころ練習に現れたスタイルは厚手のズボンにゴム底の靴。練習が終わると、そそくさと駅へ。もちろん夜行列車に乗るためである。

清田さん「名フィルがあのころのままの少人数でやっていたら、こんなにうまくはならなかったろう。しかしうまければいいのか、ということもいえる。僕は文化はローカルであるほうが健全だと思っているが、しょせん名フィルはそういうものを超えざるを得なかった。寂しい気もするけど、結局うまくなって、よかったんでしょうね」

▼福村芳一さん（46〜49年）

ファイトマン。常任指揮者としてのエネルギッシュな活動ぶりは初期の名フィルにはふさわしい若いパワーを感じさせた。

ビートルズ、カーペンターズを振らせると抜群のうまさでこなした一方では、ひまさえあればメトロノームを使ってスコアを見る努力家。

とにかく歴代の中で、この人ほど〝ヤンチャ坊〟はいなかったというのが語り草になっている。

そのかわりタレント性も十分で、後にコーヒーのCMに出演したくらい。

名古屋でロマンスの花も数々咲いたらしいが、おっと、これはタブーかな？

福村さん「懐かしい。僕は二十五、六歳だったな、若かったし、燃えて仕事をしましたね。メンバーと比べても最年少だったから仕事を離れれば友達同然。青春を過ごしたという感じです。でも、当時オーケストラという存在を周りが大切にしていなかったという印象がある。初めのうちはとくに冷たい感じがしました。が、オーケストラをめぐる人々の功績は忘れてはならないと思う。名フィルもくだらないことに耳を傾けず、きぜんとしてオーケストラ作りをしていってほしい」

▼岩城宏之さん（46〜49年）

音楽総監督だったが、実際に指揮棒をとった回数は少なく、なじみが薄い。名フィルの将来はどうあるべきか、についてはよく語り合ったとはＯＢ弁。

岩城さんはもっか海外に滞在中だ。

9　歴代指揮者㊦　心根やさしく

▼森　正さん（49〜55年）

〝フェミニストのおしゃれ〟。そのテの話はいっぱいある。某日、練習場へ現れたモリショウさん、着てきたコートをさっと脱いだ。何と、コートの裏はミンク！　メンバー一同「ムムム…」。

そういえばエンビ服の裏も赤だった。両手両足には肩こり予防の金のクサリが光っていて…。でも、研究熱心なことは人一倍で、練習中はカセットテープに音をとってホテルで勉強。メンバーには怖い音楽総監督だった。

またまたある日のモリショウさん、変拍子の説明をするのにいわく「タダシ・モリ・モリ…とやればよろしい」。一同ナットク!?

森さん「あのころは五十数人しか楽員がいなかった。演奏面やら運営面やらでみんなが作り上げる苦労してましてね。僕の音楽生活の中でも思い出の多い時代です。楽員一人ひとりの顔を思い浮かべると、懐かしいね。名フィルも幼・少年時代を過ぎて成人期を迎えるわけだが、名古屋とか東京とかの地域格差みたいなものを忘れ去って、名実ともに日本の代表的なオーケストラに育ってくれることを祈っている」

▼荒谷俊治さん(49〜55年)

大変な汗っかき。練習中といわず本番といわず汗のしずくが雨アラレ? 被害甚大だったのが、最前列にいるメンバーたちだった。クチビルに飛んできた汗をなめさせられては「ペッペッ、しょっぱい、もうイヤ!」

よくないことにバイオリンに汗がつくと、シミのもとになるそうな。いらい荒谷さんが指揮台に上がると、弦楽器は後退、後退――。

でも常任指揮者〝アラヤン〟(カラヤンをもじって)は九州男児でいい男。人間的で温かくて…。メンバー、それには最敬礼。

荒谷さん「基礎づくりの時代でしたねえ。後援会を発足させるのに三年がかりでやりましたよ。中部圏にたった一つのプロのオーケストラだから、頑張ってほしいね」

▼外山雄三さん(56年〜)

楽員たちから奉られた呼び名は〝ユウさん〟。

〝ユウさん〟は耳がいい。練習中、ミスを犯すと、どこのパートのだれか、すぐ察知する。しかし、すぐには指摘しない。おもむろに自分のスコアをおデコにくっつけてニヤーッ。それからすまし顔で「では、もう一回やってみようかな」――。

意地が悪いのが指揮者の特性? だが〝ユウさん〟は、むしろみんながミスをするのを喜んでいるふうで、子供みたい、いや、子供そのもの、というのが、この音楽総監督兼常任指揮者の素顔。

〝百面相〟も有名だ。外山さんのクローズアップの写真を見ると、実に豊かな表情が目立つ。

そのほかにも口の中でブツブツのひとり言、汗をかくのか、手をズボンのひざでシャッシャッとふく――と、癖はいろいろ。

アルコールはビールとウイスキー。絶対に酔わない。

「表情にはプレッシャーを感じるけど、心はやさしい」

「お酒飲んだら、もっと崩れてほしいね」

これ、どこかから聞こえてきたメンバーの声。

10 多彩な共演者　口々にほめる

オーケストラの演奏会にはおおむね共演者がいる。ピアニスト、バイオリニストもいれば、指揮を受け持つ客演指揮者もいる。また、オーケストラピットに入ってバレエの人たちと共演することもある。バラエティーに富んでいるのだ。

ここでは五十年度以降から主な海外の共演者をピックアップしてみた。

まず五十年度はモーリス・アンドレ（トランペット）チェコ・トリオ（室内楽）。五十一年度にはアンネローゼ・シュミット（ピアノ）バーツラフ・フデチェック（バイオリン）。五十二年度はローラン・プティ・バレエ団が来演している。

五十三年度はアイザック・スターン（バイオリン）という大物も。五十四年度はディナ・ヨッフェ（ピアノ）。五十五年度になると、サルバトーレ・アッカルド（バイオリン）が姿を見せている。

五十六年度はピエール・フルニエ（チェロ）ジャン・イブ・ティボーデ（ピアノ）ジャン・ピエール・ランパル（フルート）。五十七年度はアンネ・ゾフィー・ムター（バイオリン）が若手ながら卓抜したテクニックで聴衆をうならせている。ことし一月にはミッシェル・シュバルベ（バイオリン）も来演した。

指揮者ではクルト・ヴェス（オーストリア）ズデニェク・コシュラー（チェコ）といったところだろうか。

日本人の共演者というと、数えきれないほどあるが、在名の演奏家のうちではピアノの佐々木伃利子さんが七回（うち定期一回）と最も多く回数を重ねている。

佐々木さんは四十八年十二月に初めて名フィルと共演している。このコンサートは佐々木さん個人の主催で、プログラムはラベル「ピアノ協奏曲」モーツァルト「同四六六」。指揮は当時常任の荒谷俊治さんだった。

佐々木さんは「名フィルが財団になったばかりだったからでしょうか、喜びが感じられるような熱気のある演奏でした。荒谷さんとの打ち合わせも四、五回みっちり。リハーサルも思い存分できたし、いまから考えると、ぜいたくな話ですが…」と思い出を――。

指揮者としては名古屋出身の松尾葉子さんがいる。

昨秋、フランス・ブザンソンで開かれた国際指揮者コンクールに優勝、受賞記念コンサートで名フィルを振り（11月30日、中日劇場）、話題になった。

「名フィルを指揮したのは二回目ですが、音の質がすごく変わったなあと驚きました。トレーニングのたまものでしょうか。外山（雄三）先生が基礎的な訓練をしっかりなさっているという感じ。ドラゴンズの応援にも行ってるんでしょ？　市民のオーケストラとしてはいい傾向ですねえ」

松尾さんの率直な意見である。

11　危機　問題の根は深く

五十五年半ば、最大のピンチに見舞われた。首脳陣の相次ぐ辞任と後任のメドさえつかない異常事態に、大きく揺さぶられている。

五月末、音楽総監督の森正さん、常任指揮者の荒谷俊治さんが辞任し、六月末には事務局長の神田正美さんが退職した。しかも二月に大阪フィルに移籍した首席コンサートマスター稲庭達さんの補充もつかず、空席のまま。

ともに六年間、籍を置いた森、荒谷両氏の辞任は一応〝任期満了〟に伴うものとされていたが、裏には特定団員の〝ヤミ給与〟問題が大きくからんでいたようだ。

一方、神田さんの場合。実情は名古屋市側との給料上のトラブルから起きた退職であった。

「私をやめようと思わせた原因はこれだ、と限定することは難しい。一つの流れ、いや、激流の中での避けられない出来事だったかもしれない」と、神田さん（現東京シティ・フィル事務局長）は回想する。

当時、名古屋市は七月十日付で市民局から横井脩次さん（現名古屋市土地開発公社事務局長）を新たに専務理事として名フィルに送り込み、再建策の具体的な推進に乗り出している。

恵まれないオーケストラの側面を物語る事件と結論づけるのはやさしい。が、これはひきがねにしか過ぎない。

低迷を招いた真の原因、問題の根はもっと深いところにあった。

いまでも「体制が固まらないうちに財団化したのは時期尚早だった」「ローカルな、それでいて伝統の重みを感じさせるヨーロッパのオーケストラのように成長すべきではなかったか」という声がある。

名フィルは事実「この指止まれ」式に結成されたオーケストラではなかった。楽団員が一人一人、草の根を分けるようにして盛り上げてきた団体である。そういう意味では大変ユニークな成り立ちを見せている。

しかし、実際には名フィルは短期間のうちに予想以上の発展を遂げ、変化している。ここにひずみが生じた——。

プロのオーケストラとして体制の整備、強化は当然であるはずなのに、名フィルは任意団体時代の未成熟な体質をひきずったまま、プロ団体に移行している。

経営者側も弱体なら事務局も弱体という、きわめて不完全なオーケストラ運営でしかなかった。

オーケストラのけん引力となる〝大黒柱〟的人材を持てなかったことも名フィルの不幸で

あったが、オーケストラ崩壊さえささやかれたこの一連の異常事態は、はからずも組織の弱体ぶりをクローズアップさせるきっかけを作ったのである。

再建へ新体制を始動させるためには、次の春を待たねばならなかった——。

12

再建㊤　市民とともに

五十五年十月、再建を目ざして新首脳陣が決まった。

音楽総監督兼常任指揮者に指揮者で作曲家の外山雄三さん、事務局長に大坂フィル事業部長の小野寺昭爾さんの就任が決まり、また、理事長にはかねてから辞意をもらしていた牧定忠さんの後任として愛知学院大学教授の原陟(はら・たかし)さんが内定している。

名フィルの首脳三役が同時に誕生したのは初めてであり、とくに深い信頼関係にある外山さんと小野寺さんが行をともにしたのは、日本のオーケストラの中でもユニークなケースだ。

当時の再建計画の資料をひもとくと、理事会体制の強化、機能の充実、事務局体制の見直し、定期演奏会の有料入場者の増大などについて記している。

また、楽団編成に関しても将来、フルオーケストラ（約百二十人）を目ざすこと、さらに悪化している経営状態を建て直すために、国、愛知県、名古屋市の助成はもとより、県・市民の強い理解と支持を得るための方針を打ち出している。

〝再建ハーモニー〟が奏でられ始めたのは五十六年一月から。外山さんが一月一日付で正式に就任、心機一転の第一歩が踏み出された。

「特殊な場に住みつくことなく、もっと市民に親しまれるオーケストラに――」

新体制発足のときの前向きの姿勢を早々と実現させたのは、五十六年四月に始まった中日ドラゴンズの応援演奏だった。

二十一日夜、中日×阪神戦にわくナゴヤ球場へ、外山さんを先頭に、メンバー二十七人と事務局員ら十三人が繰り出し、空高く「ドラゴンズ・マーチ」を響かせた。このときは劇的な逆転劇の末、ドラゴンズが勝利を収めたが、プロの交響楽団が、特定の球団の応援に駆けつけたのは全国でこれが初めて。マスコミでも報じられ、大きな話題を呼んだ。

同じ年の四月に、FM放送「名フィルへのお誘い」（FM愛知）が発足、ヤングのファン掘り起こしにと六月に発売した名フィルのTシャツ八百枚も狙いがずばり的中、全部売り切れた。

〝からめ手〟だけでなく、正攻法の演奏面でも徐々に成果を挙げ始めた。とくに六月の「第七十九回定期演奏会」は、二千四百余人の入場者数を記録。有料の売り上げ数も二千百四十八人と、過去最高を示している。

プログラムはショスタコービッチ「森の歌」などだったが、名古屋市民コーラス、名古屋少年少女合唱団など、地元団体との共演が好評の原因といえるだろう。

五十五年十一月には三百人足らずだった定期会員も、五十六年八月末で四百五十人にはね上がった。公演回数百十二回（55年度）から百三十六回（56年度）へ――。名フィルはよみがえったのか。

13 再建㊦　定着した活動

音楽総監督・外山雄三さんらの構想のもとに、五十六年は演奏面での充実も進んだ。

一つは名フィルのビオラ奏者、竹本泰蔵さんのアシスタント・コンダクター起用、もう一つはブルガリアの室内楽グループ「ソフィア・ゾリステン」のコンサートマスター、ソリストのディミテル・イワーノフさんの首席コンサートマスター就任である。

竹本さんは五十二年の「カラヤン・コンクール・イン・ジャパン」(指揮コンクール)二位受賞の若手として活躍したが、今秋渡欧するため、後任には東京音楽大卒の広上淳一さんが決まり、すでに活動を始めた。

イワーノフさんは愛知県立芸大の客員助教授就任を機に名フィル入り。現役の若い演奏家、しかも世界有数の室内楽グループからの就任は、画期的な出来事だった。

穏やかで学究的な反面、主張すべき点ははっきり主張するイワーノフさんの人柄は名フィルにいい影響を与えているといえそうだ。

ほかにも年間八回の定期演奏会を九回に増やしたことや初の自主制作レコード「日本民謡によるオーケストラ入門」発売、定期演奏会の三回連続券(同じ席で三回鑑賞)回数券(五枚つづりで一年間有効)の発行など、その後の充実ぶりを示す材料は多い。

名フィルを支援するために寄付金を仰ぐ賛助会員制度も、現在では法人(一口十万円以上)六十四社、個人(一口二万円以上)百八十五人を数えている。

しかし、最近の朗報は、なんといっても外山雄三さんの「第十四回サントリー音楽賞」受賞だろう。

サントリー音楽財団(東京、佐治敬三理事長)から贈られるもので、前年度、わが国の洋楽の発展向上にもっとも顕著な功績のあった日本人を顕彰する。

受賞理由に一項目に名フィルを高い水準に導き、地域社会と密着した広範な活動があげられているが、賞金三百万円はそっくり楽員の楽器購入資金にあてられる。

では、名フィルの前途はほんとうに明るいのだろうか。

日常的、音楽的に有形無形の大きな成果を得ていることは事実だ。演奏活動における進展ぶりが見られ、地元演奏家・演奏団体との共演関係も定着しつつある。

「しかし、情勢はなおかつ厳しい」と見るのは在名の音楽評論家・藤井知昭さんだ。

「近代オーケストラとして前進するためには、楽団内部のいろいろな制約を改善する必要があるし、演奏水準の向上とか弦楽器部門の充実など、質、量ともに整備する問題を残している」と――。

田中公雄常務理事はこうもいう。「名フィルの生き残る道はクラシック・ファンのみを対象とせず、さまざまな形の演奏活動に取り組み続けることだ」

14

電波に進出　楽しさを前面に

最近、名フィルはラジオやテレビ、つまり〝電波〟に乗る機会が多くなった。

ＦＭ愛知、ＮＨＫテレビ、ＣＢＣテレビ、中京テレビがそれぞれ趣向を凝らしての製作だが、一握りのファンしか持たないクラシック音楽やオーケストラをより親しめる存在にし、地元の文化的な状況を高めていこうという意図はほぼ一致している。

では、お茶の間に進出した名フィル番組の周辺は――。

中京テレビで四月三日からスタートした開局十五周年記念の「ファンタスティック・オーケストラ」（日曜後10・30～11・24）は、名古屋の放送局が企画した初めての本格的な音楽番組だ。

司会進行は名古屋出身のチェリッシュ。毎回メンバーがスタジオにそろい「〝運命〟にみるベートーベン」「名フィル爆笑履歴書」などのテーマに基づいて、音楽の楽しさをさまざまな角度から紹介しようという。

しかし、福田信郎ディレクターにいわせると「いまだに試行錯誤の連続」。

第一、企画が固まったのが一月下旬。名フィルの過密な日程の合間を縫ってぶっつけ本番同然、四時間半で二回分を収録する濃密なスケジュールになってしまった。

「それに、こちらも慣れてないので戸惑うことばかり。スタジオの温度を調整するためにエアコンを切ったり入れたり、カメラの移動、照明器具のかすかな金属音にまで気を使っています」

課題は山積。おかげでスタッフ一同、クラシック音楽の特訓中。ディレクターは楽譜とにらめっこの毎日だ。

FM愛知の「名フィルへのお誘い」(月〜日曜前5・50〜6・00)は五十六年四月に発足している。

「十分間ですが、どのように利用してもらってもけっこうという時間。かつての名フィルの窮状を知って、地元の放送局として何ができるかを考えた上での発想です」(谷田部敏夫編成事業部次長)

早朝のさわやかなメロディーが受けてファンも多いが、FM愛知ではこのほかに年二回「スペシャル・コンサート」を名フィルで自主公演している。

NHK名古屋放送局は「ゴールデンコンサート」。一昨年、昨年と二回続けての催しで、

10％以上の好視聴率を上げている。「シンフォニーのサウンドを縦軸に、音楽のかき根をこえてのお祭り的な楽しさがねらいです」（生長康チーフプロデューサー）
ゲストに東京、名古屋勢まじえての構成だが、理想はオール中部地区勢のステージだ。
CBCの「ニューイヤーコンサート」も中日ドラゴンズ選手らを登場させた異色番組で、すでに二回。松谷敦プロデューサーは「クラシック音楽を聴きやすくし、幅広く吸収してもらうためのもの。そのためにジャズ、バレエ、日舞を入れて〝親しめる交響楽団〟を押し出している。好評だったので来年もぜひ手がけたい」

15 展望 今が〝変声期〟

名フィルの外郭団体に団友会（横江佳憲会長、16人）がある。法人化されたとき専属にならなかったB契約の人たちを中心に、昨年七月、創立された。賛助会員であり、宣伝、定期演奏会の聴衆拡大につとめる。「もっと血の通ったコミュニケーションを行いたいがための組織です。プレーヤーは忘れ去られても名フィルの歴史は厳然として残る。われわれが歴史に刻みこんできた努力の軌跡だけは忘れないでほしい」（横江会長）

弦楽器十人、管楽器六人と人材は豊富。近く室内楽活動を開始する計画もある。

さて、ここまで名フィルの〝明と暗〟を書きつづってきた。では、実際にオーケストラの中で音楽づくりに励んでいる楽員たちの考えている「名フィルのいまと展望」とはどうなのか――。

▽平均年齢三十二歳。このまま十年、二十年たつと老化は歴然。計画的な増員を＝打楽器・和泉正憲

▽大人としての本格的な活動を＝トロンボーン・佐藤宏

▽経済的、時間的にも余裕のある団体になりたい。その余裕が音楽に表現できれば＝バイオリン・村田早苗

▽世界的なオーケストラへの発展を＝ビオラ・西岡正臣

▽名フィルの将来は洋々。でも、楽団員は夢も希望も持てる状態ではない＝ホルン・三宅薫

▽質の高い演奏が可能な環境を。それには賃金、企画、スケジュール、指揮者、楽員の五要素が必要＝コントラバス・大沢弘

▽編成は小さいのに仕事はメジャー並み。自治体の支援を＝オーボエ・鳥居克之

▽もっともっと上昇気流に乗るには?　難しい問題だ＝フルート・須藤辰郎

就任三年目に入った音楽総監督兼常任指揮者・外山雄三さんは、名フィルの将来をこう見る。

「どうにか順調にきたが、これでいいのかという問いかけをしていかなくてはならない。子供から大人への移り変わり、つまり変声期を迎えたわけで、不安定な時期だ。これから三年間できちんとした基礎能力を身につけられるか、どうか。積極的な意思を一人一人が持たなくてはいけないし、それをどうやって引き出すか、という問題もある」

合奏体として大人になれるか否かの境目にあるということだろう。そして、つねづね強調されている編成の強化――。道のりはなお遠い。

〝地方の時代〟が唱えられて久しい。音楽界も例外でなく、各地で夏季に開かれる音楽祭などは地元に根を下ろし、特色ある発展を見せている。オーケストラも演奏水準を上げることだけが信念ではないはず。文化のにない手として〝地方の時代〟にいかに寄与していくべきか、である。

名フィルがどのような歩みを見せるかは、今後の活動の推移に待つしかない。それを方向づけ、明るく、輝かしいものにするためには、オーケストラ関係者だけでなく、名フィルを正しく理解し、関心を寄せる多くの市民が必要なのである。

世界を飛び回った文化部時代

昭和六十年に制定、翌年より施行された男女雇用機会均等法。それまで夜討ち朝駆けを許されていたのは男性記者のみ、女性の夜勤は禁止されていたため、もどかしい思いをたくさんしてきた私は、自由を得て、文化部次長としてますます仕事にのめり込むことになる。作家、芸術家、科学者、医師、学者など多彩な分野の人たちとの出会いがあり、刺激的で充実した毎日を送っていた。

それまでなかった女性用の宿直室とトイレが急遽作られることとなり、女性にも時間制限なく働ける機会が与えられた。選挙の開票日にはさすがに徹夜になることもあるが、それでも朝刊には締切があるので、たいてい午前一時には解放された。時折、一晩だけの責任者となる責任宿直の順番が回ってきて、この通称責直のやることといえば作業を見ているだけなのだが、責任上寝るわけにはいかず、白々と明ける空を眺め続けたこともあった。朝刊の制作が終わると帰宅組と仮眠組に分かれて解散となり、私は「阿部ちゃん、社会部においでよ」と夜勤明けの宴会に誘われて、スルメの足を齧りながら一杯やっていた。女性の責直は自分ひとりだったので、珍しがられた。

平成元年十月から「世界のマーケット」企画で一カ月ほど海外に滞在。まわったのはベトナム、ブルネイ、インドネシア(バリ、ジョクジャカルタ)、台湾、マレーシアの東南アジア諸国である。治安が悪い国もあると聞いていたので、服装はジーンズにTシャツ姿でいいものは決して着ない。日本の下痢止めは効かないからと抗生物質を大量に持参し、コレラの予防注射も接種した。

当時のベトナムは、日本の商社がこぞって進出する機運が高まり、日本語を話せる通訳が慢性的に不足していた。英語を話せる通訳しかおらず、苦労した。ただベトちゃんドクちゃんの取材だけは、日本の商社に日本語を話せる通訳の方を特別に紹介してもらい、取材することができた。

ホーチミンに入る前にバンコクの支局に寄り、貴重品を預けた。支局長いわく「俺は次の企画の準備で君たちが戻る頃には居ないかもしれない。勝手に持って帰ってくれ」ということだった。取材を終えてバンコクに戻ると、居ないはずの支局長が血相変えた顔でそこにまだ立っていた。「どうしたんですか」と聞くと、フィリピンでクーデターが起きたという。マニラ空港は封鎖されていたが、同行していた男性カメラマンは俄然張り切って、バンコクに泊まり込んででも残るという。クーデターに遭遇するなんてことは、一生のうちにあるかないかの確率。記者の血がさわいだ私も、当然残りたかったが「マニラに特派員がいるから、阿部ちゃんは帰っていいよ」と言われて泣く泣く帰国した。

「世界のマーケット」の取材では、日中は小さな手帳を持ち歩いてメモ程度にとどめ、ホテルに戻ってからその日にあったことを全てノートに書き込んだ。誰々さんがこういった、当時の食べ物はいくらだったという細かいことまで、毎日二時間くらいかけて記録した。

ユニークな空港を探して取材する「空港かいわい」という企画も面白かった。平成元年に五島列島の中通島にある「上五島空港」を訪れ、十字架の並ぶキリシタン墓地からキリスト教の迫害の歴史に思いを馳せた。

◉平成4年1月22日　――目耳録――

鎮魂曲

昭和四十七年の暮れ、私は中京病院形成外科の一室で当時の形成外科部長の井沢洋平さんを中心にビールで乾杯していた。大やけどをした三歳の坊やの皮膚移植手術を成功させ、どのスタッフの表情も、幼い命を救い得た喜びにあふれていたのを思い出す。

その井沢さんが亡くなった。死を悼んで本社へ寄せられた手紙の中に愛知県半田市に住む女性Sさんからの一通があった。

Sさんは昭和四十八年、左足に重度のやけどを負った。痛みに耐えかねて中京病院を訪れたSさんを、井沢さんは「どうして早く来なかったの」としかったという。

「おかげで元の左足と変わらないほどきれいに治していただいて」とつづっているSさんは「先生のご遺志は立派に受け継がれていくと思います」と結んでいる。

熱傷医療に最後まで情熱を傾けた井沢さん。その医療を推進していくことが、井沢さんにささげる最高の鎮魂曲になるだろう。（阿）

◉平成4年4月26日　――目耳録――

選択肢

半年前に突然父を失った。やっとひと息ついたとき、それまで漠然と考えていたことが、にわかに現実のものとなった。お墓である。

わが家代々の墓所は関東の某市にある。そこへ納骨すれば、すんなりいくのだが、この先、高齢の母が遠隔のその地を訪ねることはおそらくかなわない。しかも墓を預かっている寺は、色々事情がありできれば墓は名古屋で、ということだ。

しかし、一人っ子でシングルの身の私にしてみれば、墓をつくったとしても守り切ることは不可能だ。少子、非婚、離婚、高齢化が進む中で、私と同じような問題を抱えている人は、けっこう多いのかもしれない。加えて人々は実に多様な価値観を持って生きている。

とすれば「家」を乗り越え、個性的な死後の自立を考えたとしても…。「散骨・自然葬」も市民権を得つつあるいま、私ももっと選択肢を広げてこの問題を見つめ直したいと思い始めている。（あ）

◉平成4年11月18日　――目耳録――

死に方

風に秋の訪れを聴いた日、九十歳の母がこの世を去った。

母は昨年の初冬、父を亡くしてから急速に体力、気力が衰え、ついに立つこともできなくなったときには、もう手の施しようがないほど病勢は進んでいた。

父の死以来、一日も早く父の元へ行くことを望んでいた母。その母に、せめて静かな最期を迎えさせてやりたいと思った。いろいろ考えた末、私は入院先の医師に連絡した。

「いかなる延命措置もとっていただかなくても結構です。ただ苦痛だけは取り除いてやってください」と――。

母はどんどん病みほうけていったが、ほとんど痛みを訴えず、安らかに息を引き取った。これは私にとって大きな慰めだった。

作家の邱永漢さんは近著「私は77歳で死にたい」の中で七十七歳を「死亡適齢期」としている。思い通りにはならないだろうが、自分の死に方を自分で決めることができる時が来るだろうという言葉に、私は切実な共感を抱いている。

（孝）

世界のマーケット

◉平成2年3月18日

カントーの市　ベトナム

メコンデルタの自然の恵み／素朴に混然と路上に

◈かいわい全体が市場

ホーチミン市から南西百七十五キロ離れたカントーはどんな街かと質問すると、まずこういう答えが返ってくる。「メコンデルタ最大の街さ、マーケットもベトナム最大なんだ。何せメコンデルタでとれたものが、みんな集まってくるんだからね」

カントーはクオックテーホテルの右手すぐの道路が即マーケットだ。しかも、複雑に入り組んで延々と続く。こうなると道路なんてものじゃない。このかいわい全体が巨大な市場に変身してしまっている。

道の両側にびっしり張りめぐらされた茶褐色のテントの下に人々が群がっている。いや、テントの下だけではない。露天の広場にも、路地の真ん中にも、でんと売り子さんが座り込んで店開きをしている。

目の前はとうとうと流れるメコン河。小さなふ頭には小公園があり、人々のくつろぎの場。数隻の小舟から作業員たちが黙々とヤシや野菜の荷揚げ作業をしていた。

売り子をよけよけ歩くと、あるある、ニガウリ、ニンニク、鶏、豚肉、タニシ、イカ、トウガラシ、リンゴ、ミカンも…。ちょん切られたアヒルの首にギョッとしたが、これも売り物だ。その横では生きている鶏やアヒルが騒々しく鳴き立てた。おや、ピチピチした魚がパシャッと勢いよく皿からとび出して地面に転がった。おばちゃんが無造作に手づかみでそれを皿に戻す。だれも気にしない。汚いとかきれいとかという感覚をはるかに超えた自由な生活感が、ここにはある。

◆雑貨品や衣類の店も

魚はナマズ、日本のボラに似たの、えたいの知れないの、さまざまだが、いずれも早朝メコン河から上げてきたばかりの〝とれとれ〟。カントーの市場を生鮮食料の豊かさでは世界一と評する人もいるそうだが、天から与えられた自然の恵みを実感した。

メコンデルタの大地と水は、稲も豊かに育て上げる。カップのような入れ物で量り売りするコメは一リットル四百―五百ドン（約十二―十五円）。最高の品質のもので五百ドンという。チェリー一キロ千五百ドン、サトウキビジュース一杯三百ドンのベトナムで、これは安い。さすが、アジアの一大穀倉地帯なのである。

生鮮食料品だけかと思ったら、そうではなかった。通りの片側に肉を売る店があるかと思えば、反対側には雑貨、布・衣類の店が軒を並べている。混然一体。この道を通り抜けると食堂街があった。といっても四方八方丸見えの屋台ふう。ここも混雑している。一心にハシを動かす人、片隅で中国式のカードゲームを楽しむ人。長方形のカードを手にした一人の女性が「ねえ、一緒にやらない？」といいたげに、ニッコリ笑いかけてみた。華僑の人たちだろうか。

◇すげがさふうのノン

市場の主役はやはり女性だ。「ちょっと、もう少し負けなさいよ」「ハイハイ」とやりとりしている売り手の頭にも買い手の頭にもベトナムの象徴のノンが乗っかかっている。ノンは日本のすげがさふうで、年齢には関係なく、ほとんどの女性が愛用しているようだ。ノンが林立しているようすは風変わりな眺めだ。

それにしてもこの熱気。どこから生まれてくるのだろう。私たちが使い慣れたあのスーパーマーケットからは、絶対生まれてこない「何か」だ。第一、ここではすべてが親しげだ。魚も、野菜も、肉も、果物もラップに押し込められたりせず、野菜はカットされず、魚は切り身にならず、果物はピカピカ磨かれたりせず、そのままの姿で存在を誇っている。

しかも、売り買いは素朴な人の手だ。間に何も介在しない。衣食を求めにくる人は多分、品物と一緒に肌のぬくもりも買っていくのだろう。

ベトナムの〝胃袋〟を丸ごと見たような気がした。夕暮れのメコンの河岸には、夕飯の支度なのか、水上生活者の煮炊きの赤い炎がゆらめいていた。

のどかな風景の片隅／長かった戦乱の傷跡

市場のはずれ、クオックテーホテルの斜め前に〝ホーおじさん（故ホー・チ・ミン大統領）〟

の像が立っている。高さは十数メートルあろうか。民衆にこたえるように軽く右手を上げ、ほほ笑んでいる。現在、日本電波ニュース社（東京）の取締役・鈴木利一さんが一九六五年、ベトナムを訪れた際、カメラに収めた一枚をホー大統領が気に入り、後に像を造るときのモデルにしたという。

◇朝の水浴を楽しむ人々

このかいわいの市場を語るとき、やはりメコン河の表情をとらえないわけにはいかない。この河の支流の一つにある水上マーケット、カイザン市場へ出かけた。小さな舟にあふれんばかりに積み込んだコメ、ミカン、オレンジ、カボチャ、バナナなどは、遠目にもいかにも新鮮に目に映った。中でもオレンジのグリーンや黄色は、泥の色に濁り、お世辞にもきれいとはいえないメコンの水の上でひときわ美しい。二本の櫓（ろ）に器用に操られてゆったり川面を行き来する舟のそばで、朝の水浴を楽しんでいる人もいる。のどかな風景だ。

ベトナム領内で約三・六万平方キロを占めるメコンデルタ。このデルタを形成するメコン河は全長四千五百キロで、源はチベット高原。ビルマ、ラオス、タイ、カンボジア、ベトナムの諸国を流れて南シナ海に注ぐ。上空からはデルタに水田地帯が広がっているのが分かり、カントーが南部ベトナムのコメの大集積地であることが納得できる。

ホーチミン市からカントーに行くには二回フェリーボートに乗らなくてはならない。フェリーといっても、日本とは全く違う。幅の広い船の真ん中を車のスペースだけ開けて、その周りに人がぎっしり乗り込む。ほとんどが立ったままだ。料金は三千五百ドン。ここでは外国人を乗せた車と、政府や軍の車は優先されるが、炎天下に順番を延々と待っている一般の車の横をすり抜けるのは何とも後ろめたかった。

乗り込むとすぐ売り子がやってきた。新聞、まんじゅう、たばこ、果物、清涼飲料水などを抱え、売り声で船内はひとしきり騒がしい。かつてベトナム戦争の戦場だったメコン流域に、もはやその傷跡はないのかと思った矢先、やにわにジーパンのすそを引っ張られた。

振り向き、床にうずくまって手を差し伸べている人を見て、胸を突かれた。ベトナムには確かに物ごいが多い。しかし、その中の多数の人たちがベトナム戦争の犠牲者で、不自由な体で人の好意にすがらなければならないのだという。抗仏独立戦争、ベトナム戦争、中越戦争、カンボジアの戦闘と戦乱続きだったベトナムに、いま、ようやく訪れた平和ではあるのだが…。

激しいインフレの悩み

ベトナムを歩いていて気がつくのがインフレの激しさ。市場では木綿布地一キロに六千ドンの値札がつき、外国たばこは一箱四百ドン。街のありふれた店先にさえ、古びて、よれよれになった少額紙幣が束ねられ、山積みになっているのが印象的だ。その中で〝夢〟を買うのはどこの国も同じなのか、宝くじが盛んだ。一千ドン、五百ドン、二百ドンと一枚の値段は賞金額によって差はあるが、外国人も購入できる。「ベトナムでは宝くじで二千USドル相当が当たれば新車のバイク、一万ドルで家が買えるんです」と、ホーチミン市のビジネスマン、加村敬則さん。

少しずつ昔の面影戻る

ホーチミン市のサイゴン大教会からサイゴン川に向かうドンコイ（総決起）通りは土産物屋が並び、人通りが多いが、かつてアメリカ統治時代はイルミネーション華やかな繁華街だったという。それでも一昨年あたりから少しずつ昔の面影を取り戻しつつある。

「この通りは暴走族が多いんです」と、日本の商社で働く女性カンさん。「以前は週末だったけど、最近はいつも走ってますねえ」。

車は日本、ソ連、東独の中古車が大もてで、ホテルのショーウインドーには、タイ産のコカコーラ、東独のコーヒー、フランスのコニャックが目につくが、若者たちに人気があるのが、ディスコとビデオだ。百インチビデオで内外の映画を映すビデオ館は四、五百ドンで見ることができる。ベトナムの若い女性に「結婚したい外国人は?」と質問すると①フランス人②日本人。あとはどこの国でもという答えが返ってくるというが、これもベトナム現代っ子かたぎの表れというべきだろうか。

ホーチミン市の統一会堂(旧大統領官邸)に立ってみた。一九七五年四月三十日、官邸へ解放軍の戦車が無血で侵入、ベトナム戦争は終結した。いま見えるのは広々とした前庭だけで、訪れる人もまばらだった。同市は旧サイゴン。いかにも東南アジアらしい雰囲気にあふれた街に調和するフランスの精神文化と生活。それをこんがりとキツネ色に焼き上がったフランスパンが象徴していた。

◉平成2年4月8日

野外市場　ブルネイ

のんびり、リッチな小国／地代もなく安い出店費

◇野菜や果物が中心

これが川か、と驚いた。幅二百メートル近いブルネイ川の第一印象だ。首都バンダル・スリ・ブガワン（栄光ある大河の街）は、それの名のとおり、まさにこの豊かな流れとともにあった。

コンパクトにまとまっているバンダル・スリ・ブガワンの中心街、スンガイ・キアンゲ通りをブルネイ川に向かって進むと、水路を挟んだ対岸に露店が集まっている。パサル・タムルと呼ばれる野菜、果物中心のオープンマーケット。赤とブルー、赤と白など色とりどりのビーチパラソルふうのテントや青いトタン屋根の店舗が縦におよそ百メートルにわたって立ち並び、市場を形づくっている。

店の数が二百軒前後という規模は、さして大きくはないが、イスラム教国ブルネイの休日である金曜日や日曜日、祝日には、ぐんと出店が多くなる。

露店の大きさや形は日本の屋台に似ていて、ふと幼い日の縁日を思い出した。縦一メートル、横二メートルくらいの机の上に商売ものを並べるが、中には地面にゴザを敷いただけというのもある。ミカン一キロ二・五ブルネイドル（約百八十五円）、カボチャ大一個四・五ブルネイドルをはじめ、大根、ナス、インゲン、オクラ、白菜、ネギ、唐辛子などは日本でもおなじみだが、熱帯の太陽とスコールをいっぱい吸いこんだみずみずしさは、やはりこちらが一枚うわてだ。

売り物はまだまだある。トマト、落花生、スイカ、パイナップル、バナナ、ちょっと見は不格好な〝果物の王様〟ドリアン。タイに似た魚の干物、イワシの薫製も野菜や果物に負けじと陣どっている。

◇金の腕輪がキラリ

働いている女性のそで口にキラッと何かが光った。あっ、金の腕輪だ。それにしてもこの輝き？　「22金なの」と女の人ははにかみながら教えてくれた。さすがリッチなミニ王国。

財布の中身はずっしり重そうだ。ブルネイ人は、貯蓄はせずにあるだけカネを使い、あとは金に換える。

ここに店を出すには、国のメディカル・チェックを受け、ライセンスを取る。取得後は地代そのほかは徴収されず、年に十ブルネイドルを支払うだけ。ちなみにライセンスはブルネイ人にしか許可されないそうだ。市場から見えるブルネイ川に浮かぶカンポン・アイル（水上村）。ここの住民が食料を求める必要から自然発生的に生まれたのが、この野外市場ではないかといわれている。しかし、別の意味でも川と市場は深いかかわりを持つ。なぜなら市場の商品は未明、満ち潮のブルネイ川沿いにボートで上ってくる隣国マレーシアの卸業者によって主に調達されるからだ。

街を歩くと輸入品があふれているのが目につく。生産されるのはせいぜいコメ、野菜、果実、鶏卵、魚介類くらい。それも十分とはいえないようだ。「消費あって生産なし」といわれるゆえんか。

川に突き出した桟橋に〝海の幸〟を商う市場があった。目の澄んだ約一キロのソウダカツオは四ブルネイドル。小舟の魚屋さんは客の注文に応じてかごに魚を入れ、ひもを操って岸へ揚げる。面白い仕掛けだ。

イスラム教徒七〇％の国だから、当然ながら、市場でアルコール類を売ることはご法度。もっとも街には三軒の酒小売店があって買うことはできるが、中国系の店。市場へ買い物にやってくる女性はベールで頭をすっぽり覆ったムスリム（神への帰依者）だ。

『お祈りずみ』の印

タブーの豚以外の動物を料理するときも、しかるべき祈りをささげた後に、と畜したものでなければ彼らは食べない。市場の商品にもちゃんと「お祈り済み」の表示がしてあるのを見ると、生活に根差した信仰の深さを思わざるを得ない。バンダル・スリ・ブガワンの市場には息詰まるような熱気はあまり感じられない。ゆったりと一日が過ぎてゆく。これもブルネイならではの風景であろうか――。

高級外車で買い物へ／快適な〝水上ライフ〟

国家を潤す〝天然資源〟

マレーシアのサバ州とサラワク州にはさまれたブルネイの正式国名はネガラ・ブルネイ・

ダルサラーム(永遠の国・ブルネイ)。かつては英国の保護領。一九六三年マレーシア連邦が発足したが加盟せず、一九八四年、英国から完全独立したばかりの若い国だ。面積五千七百六十五万平方キロは、千葉県とほぼ同じで、マレー系民族を中心に約二十四万人が住んでいる。

一九八七年のアメリカ経済誌「フォーチュン」にブルネイの現サルタン、ハサナル・ボルキア国王が世界一の大金持ちとして紹介され、話題になったが、王のみならずブルネイの富は、ひとえに良質な石油と天然ガスに支えられている。

石油は日量十五万バレル。年産の四割を日本へ輸出、天然ガスはブルネイ政府五〇%、三菱商事とロイヤル・ダッチシェルが各二五%出資する「ブルネイLNG」が年間約五百万トンを生産、その全量がLNG(液化天然ガス)として日本へ輸出されている。東京ガス、大阪ガス、東京電力を通して日本人はブルネイ産LNGの恩恵に浴しているわけだ。

◈税金なし教育費も無料

天然資源をバックに国家財政は大幅黒字で、一人当たりの国民総生産(GNP)も約一万五千米ドルと高い。その上納税義務もなく、医療・教育費は無料だ。バンダル・スリ・ブガワンを歩くと、ヨーロッパの街角にスリップしたのではないか、と錯覚するほど整然とした風景が開ける。ハイウエーのそばまで迫っている豊富な森林資源は熱帯雨林の伐採が問題化しているときだけに貴重で、日本が援助、熱帯林の国際研究センターを設立しようという構想もあるようだ。

労働意欲があまりおう盛でなく、活力のない国といわれるブルネイ。そのせいかバンダル・スリ・ブガワンの都心からは、風土独特の顔が見えてこないのが物足りない。私は、この首都の人口八万人のうち三万人が住むカンポン・アイル(水上村)に興味をそそられた。

◇広いリビングにTVも

ブルネイ川に浮かぶ木造の家は、鉄木やコンクリート製の何十本かの杭で支えられており、陸上や家と家を結ぶのは六マイルにも及ぶという板きれの通路だ。千年以上も前に書かれた中国やアラビアの書物に、ブルネイの前身である水上社会があったことが記述されている伝統的な集落だが、家の中に入ってみて、外見からは予想もできない近代的な生活様式に驚いた。広々としたリビング、座り心地のいいソファ、テレビ——。村には電気、水道だけでなく警察、学校、病院、郵便サービスなどが政府の手で完備されていて、住民は伝統的なライフスタイルを守りながら、快適な生活を満喫できるからか、いまのところ人口減少の気配はないという。

もっとも問題がないわけではない。家の周りの水面は、ちょっと目をそむけたくなるほどの汚さだが、これは〝垂れ流し〟が原因だ。街で働く運転手のハッサン・ハジムミさんは「川の上の生活は涼しいし、悪くないけど、将来はやっぱり陸に上がりたい。何をするにも便利だから」。

それにしても、なぜ川の上にわざわざ村を作ったのだろう。

「一説ではマレー半島やインドネシアから流れてきた人が先住民の首狩り族や猛獣から身を守る手段だったといわれています。それ以前は舟を綱で岸につなぎ、いざというとき、すぐ逃げられるようにしていたらしいですね」と、日本大使館の米田隆一公使。

広い川で活躍する水上タクシーは、水上村の住民はもちろん街の人たちにとってもこの上ない生活の足だ。料金は午後十時以降は一ブルネイドル（約七十四円）、昼間は五十セント。何十隻ものモーターボートが日本製エンジンのごう音をとどろかせ、突っ走る。

パサル・タムルにない生肉や生魚を売っているパサル・イカン・タムルへ出かけた。コンクリート二階建てで清潔そのもの。しかし、肉はこま切れなんて生易しいものではない。

ひづめをつけたまま片足一本が丸ごとぶら下がっている迫力に思わずたじろいだ。

休日はなく、断食明けの祝日のみ午前中営業する。断食といえばイスラム教は国教でかなり厳格だ。ラマダーンと呼ばれる断食月は、夜明けから日没まで飲食物を断ち、禁欲の生活をする。

◇教徒に厳しい〝断食月〟

「太陽が昇る前に水やジュースをがぶ飲みするので、スーパーやデパートではジュース類がケース単位で売れます」とデパートの担当者。それだけに、この苦しみから解放されるハリ・ラヤ(断食月明け)は、それこそ日本のお正月並みのにぎわいという。

ベンツ、ロールスロイス、ジャガー、ボルボ、BMWの高級車が走るのも豊かさゆえ。首都から南西六十キロのセリアの浜辺から沖合遠く海底油田の採掘が望めるが、さて、このオイルの神通力は永遠なのか？　「二十五年くらいで枯渇か」「いや、無尽蔵」と論議はさまざま。ついにこの疑問は解けずじまいだった。

◉平成2年5月13日

バリ島の朝市　インドネシア

庶民の生活密着型／あふれる食料・雑貨

「ちょいとご免なさいよ」。竹かごを頭に乗っけたおばちゃんが、せわしげにわきをすり抜けていった。思わず身をよけたら、こんどは荷台にぶつかった。デンパサールの朝は早い。メーンストリートのガジャマダ通をスラウェシ通に折れた一帯で繰り広げられる朝市は、未明から始まる、午前四時―七時にはもうピーク。一日の食料を買い求めにくる女たち、売る女たちのエネルギーが一つになって沸騰する。

◈生きた鶏は1万ルピア

インドネシアの朝市は、日本の朝市とは大違いで食料から生活用品までそろえた生活密着型。鶏卵一つ二百ルピア（約十六円）、アヒルの卵は二百五十ルピア。堂々たる体格の生きている鶏は少々値が張って一万ルピアだ。そのほか野菜、果物、菓子、カメの肉のくし焼き、雑貨、布類が雑然と並べられ、分銅つきの台ばかりを使って景気よくさばかれていく。人とものがひしめき合い、けん騒に包まれた広場の中で、女性の服装の何と華やかなこと。花柄のブラウスのよく似合う渋紙色の肌をしたおばあちゃんがいるかと思えば、ショッキングピンクの強烈な色彩が視界に飛びこんでくる。

南の島の限りなく明るい陽光の下で、すべてはおおらかだ。その女性たちが何の苦もなく、ひょいと重い竹かごを頭に乗せ、スタスタと歩いていく。五十—七十キロは平気というから、慣れたものだ。

◆個性的な熱帯果物

朝市はガジャマダ通とバドゥン川が交差する辺りに建つパサール・バドゥンでも開かれている。鉄筋三階建てでバリ島最大の規模。一九八三年に新築されたビルで、テナント方式。商売の権利を州から借りている公設市場だ。ほの暗い建物に入った途端、むっとくる熱気。そして、形容し難いにおい。

一階のフロアにはチョンパカと呼ばれる白い花、クチナシ、スイレン、マリーゴールド、ハイビスカスの花々が山積みされ、芳香にむせ返った。その横には大きな竹かごにあふれんばかりのフレッシュな野菜や果実。太い幹にたわわに青い実をつけたモンキーバナナ、赤いひげのランブータン、蛇のうろこのような茶色の皮に包まれたサラック。

熱帯生まれの果物たちは個性的だ。野菜はタピオカ、サツマ芋に至るまで数え上げればきりがない。このフロアだけでさっと三十種類の生鮮品が売られているという。何という豊じょうさ。

二、三階は主に日用品売り場。コショウ、ニンニク、ナツメグ、ショウガ、唐辛子などの香辛料、黒砂糖、落花生、小豆、もち米の食品のほかに雑貨屋、バティック(ジャワさらさ)を商う店が軒を接する。

ニンニクの赤と白の違いは？　と思っていたら、ガイドのマデ・ウェンテンさんが「白は赤より値段が高いけど、おいしいよ」と教えてくれた。あちこち歩き回っているうちに、ようやく複雑な臭気を放っている〝正体〟を突きとめたような気がした。花の香り、野菜のにおい、果物のにおい、スパイスのにおいが混じり合い、それにどこかでくゆっているらしい線香の香りが微妙にからみ合っている。

◈素朴で温かい笑顔

私たちが店の前にたたずんでいると、必ず声をかけてきた売り手の女性たち。気軽で、よそ者を疎外しないのが市場のよさだが、ここの人たちの素朴で温かい笑顔は天下一品だった。

朝のにぎわいがひとしきり収まった後、息をひそめていたパサール（市場）がよみがえるのは、夕方から夜にかけて。サテアヤム（鶏のくし焼き）の煙がたちこめるナイトマーケットのオープンだ。一日の仕事を終えた〝神々の島〟の住民は、再びここに集い、憩う。デンパサールは「市場の北」の意味。その名の示すようにデンパサールの街は、まさにパサールとともに明け、パサールとともに暮れるのである。

虐殺を見つめた広場／いまでは憩いの場に

デンパサールは市場の街。大マーケットのほかにも小さな市場がつじつじに立ち、物売りの呼び声や買い者客の笑い声であふれる。朝夕開かれる市場には、それぞれ違った表情があるが、いずれにしろ、島の人々の生活を知るのにこれ以上のところはないだろう。しかし、バリはリゾート地であっても、少なくとも市場は日本の観光朝市のような存在ではなく、あくまで生活臭漂う庶民の場である。

オランダ時代から脈々と

「市場はオランダ統治時代からありました」と、チョ・オカ・ペマユーさん(バリ観光協会局長)。「そのころは物々交換でしたが、中国人や日本人がやってきてカネを支払って品物を買う形になった。朝市は安くて、おいしい品物が入手できるから、はやるんです」。バサール・バドゥンができる前の市は初め広場で開かれていて、その後、小屋がけになったが、一九六七年、火事で焼失したため、一九八三年に現在のビルになったという。

バリ島は赤道から南に八、九度、オーストラリアに近い。面積は五千六百平方キロで東京都の約二倍。約二百七十万人が住んでいる。宗教別に見るとヒンズー教九〇%、イスラム教五%、キリスト教四%、仏教一%である。「地上最後の楽園」「芸術の島」とイメージはいかにも平和的だが、いつもそうだったわけではない。大地震、殺りく、アグン山の大噴火などに見舞われ、一九〇八年にはオランダの侵略に最後まで抵抗、バリ王家の人々がデンパサールのププタン広場で大量虐殺されている。ププタン広場のあるガジャマダ通はバリきっての目抜き通り。両側はさまざまな店が軒を連ね、人と車の絶え間がないが、広場もいまでは人々の憩いの場所だ。

デンバサールから北へ二十五キロにある絵画の村ウブドで結婚式帰りの行列に出合った。民族衣装のバティック（ジャワさらら）のサロン（腰巻き）、花柄やレースの美しいブラウスで正装した女性たちが、頭にうずたかく供え物を積んでゆったり歩くさまは、バリならではの情緒。画家なら早速絵筆をとるだろう。

式はヒンズー寺院で行われ、自宅へ持ち帰ったお供えはみんなで食べるのだという。

ウブドは人口七千人くらいの小さな村だが、芸術の村としてしられていると同時に、バリ・ヒンズーを色濃く残している地域でもある。バリ・ヒンズーといえば、パサール・バドゥン前の広場では祭り備えて一種のちまきもちクティパを作るために若ヤシの葉を編んでいる女性グループがいた。額にくっつけている米粒は、一日に一回だけというお祈りがすんだ印だ。

◇宗教とむすびついた生活

インドのヒンズー教、ジャワ神秘主義に土着の原始信仰が結びついて現在のバリ・ヒンズー教があるといわれているが、この独特な宗教はバリの人々の生活や文化と無関係ではない。例えばバトゥブラン（月の石）の寺院で観光客に開放されている伝統的バロン・ダンスは、善悪二つの魂を表す動物が激しく戦い、どちらの勝利もないままに終わるが、これは悪霊を祭り、鎮めようとするバリ人の宇宙観を示す。出演者は踊り手、裏方を含めて約百五十人で、農民が八〇％、残りは学生だそうだ。わずかながらギャラも出る。

「バリ人には海は悪霊のすむ恐ろしい場所で、〝金づち〟の多いのはそのせい。ガジュマルの木も拝む対象ですから切らない。観光客の増加で手狭になった空港の拡張工事が日本の建設会社を中心に進められていますが、無数にあるヒンズー教寺院の移設が難問題」と、地元の旅行社代表でバリ在住十七年の日本人サチコ・シャムスディンさん。バリにほれこんだあげくスマトラ人と結婚、帰化した。シャムスディンさんによると、昔はオートバイで走っていると、竹の楽器を奏でる音が詩情を誘うのどかな島だった。一九六五年くらいまでは女性もトップレスで暮らすのが自然で、初潮が始まるまでは素っ裸という時代も。バリ男がいまも女性の上半身よりあらわになった太ももに性的魅力を感じるのは、こうした素朴な生活習慣の名残という。「でも、最近は、この島もせちがらくなって…」

◇押し寄せる観光地化の波

現在、バリで営業する旅行社は七十二社、ガイドは計九百人。一九八八年の統計では、三十六万人余の外国人旅行者がバリを訪れ、そのうち第一位のオーストラリア人十一万人余に対し日本人は二万三千七百人余。しかし、最近、足の便がよくなったこともあり、日本人の数はオーストラリアに次ぐ勢いだ。エスニックブームに乗って、このトロピカルな島に織物を買い付けに来る日本のビジネスマンもいる。一方、バリの〝海の幸〟は一般旅客機で生のまま、あっという間に日本の市場に送られるというご時世だ。お手伝いさんの月収四万ルピア（約三千二百円）の小島に押し寄せる観光地化の波は、良くも悪くも大きな影響を与えている。大観光時代を迎えて二十年。その光と影は、ヒンズーの神のみがみそなわすところかもしれない。

◉平成2年7月22日

台北の夜市　台湾

けん騒／夜ふけても沿道に店舗ひしめく

◈お寺を中心に繁栄

台北市・龍山寺の前の道が広州街、寺を右に見て右折したところが華西街だ。どちらもお寺を中心に繁栄した盛り場。龍山寺はさしずめ浅草の観音さまといった雰囲気なのだが、このかいわいの盛り上がり方はただごとではない。その点が浅草とは大違いなのだ。まず華西街の入り口にどーんとある派手な「華西街観光夜市」のネオンのアーチに度肝を抜かれた。台北の繁華街の中でも、ひと際けばけばしい感覚の街といわれるだけのことはある。

アーケードの通りに一歩踏みこむと、そこはもう「魔力にみちたミステリーゾーン」。というと大げさだが、何か人を夢中にさせる不思議な魅力にあふれていた。海鮮料理を中心にした食べ物屋、骨とう屋、土産物屋、果物屋、時計屋と、狭い道の両側に軒の低い店舗がひしめき合い、一軒一軒のぞくだけで飽きない。

◇食感覚に懐の深さ

ある食堂の前のテーブルで楽しそうに食事をしている一家八人に出会った。台湾国立アートアカデミー卒のビデオカメラマン鄧維順さん(三六)夫妻たちで、鄧さんの姉妹らしい娘さんは「私は旅行社に勤めています。日本は二度行ったからなじみがあるわ」とニコニコ。この家族もそうだが、人々はどうやらグルメなどという言葉とは無関係。どこでもおおらかな食欲を発揮している。豪華ならそれなりに、お金をかけないなら、屋台などで安く、おいしく、という食感覚に、計り知れない懐の深さを思い知らされた。バラエティーに富んだ料理の数々は、まさに「食在台湾(食は台湾にあり)」。

声高な口上と人だかりに興味をひかれてのぞいたらスッポン料理屋。なぜかオランウータンが二匹いる。店内の看板に日本語でいわく。「このオランウータンは毎日スッポンを食べて元気よくスタミナがつき…」。何のことはない。〝人寄せパンダ〟ならぬ〝人寄せオランウータン〟だった。スッポンはもちろん強壮剤だ。

それにしても口上ばかりやたらに長い。〝本番〟に行き着くまでにどのくらいかかるのか。

それでも人々は飽きもせず、効能書きを並べるお兄さんを見詰めている。ずっと昔、日本にもこんな風景があったっけ。この街がゲテモノが多いことで有名で、ハブを売るのも立派な商売だ。生き血と肝で一万元（約五万六千円）は、いい商売に見えても「そうそう売れるものじゃないから」とガイドの李鏞さん。スッポンもハブも店では天然ものと触れ込んでいるが、実はまゆつばらしい。あの手この手の際どい商法が渦巻いている。

ギラギラするような熱気をくぐり抜け広州街に出た。龍山寺の前もすごい人出だ。夜になってもむっとくる暑さにこの混雑。おまけに車の排ガスが加わって、思わず吐き気をもよおすほどだ。

◈大陸の地名と似る

台湾には南京路、長安路、桂林路など、中国大陸の地名に倣って付けられているストリート名が多い。広州街もその一つだ。この一角であっというような風景に出くわした。青、赤、黄色に彩られた「洋服」「専家」「皮衣」の看板からすると、衣類の専門店街。しかし、商売はもっぱら店の前に設けられた露店だ。パイプにぶら下げられた裸電球の下で、雑然と積み重ねられたTシャツが乱れ飛ぶ。パンパンと景気よく手を鳴らし、商品を頭の上に掲げて客を呼び込む若い衆たち。マイクを通したがなり声の迫力は相当なものだが、シャツを手にとって品定めをする客の方の熱気も、日本のデパートのバーゲン会場さながらだ。通りの真ん中にデンと店を構えたイカ焼き屋からいいにおいが漂ってくる。人波は絶えず、夜もそろそろ更けてきたというのに、街のけん騒はいつ果てるともしれない。

「もの好きに」と笑われながら繁華街のどこでも売っているビンロウ樹の実をかんでみた。香りと苦みが強い。思わず吐き出した。やっぱり台湾の人のようなわけにはいかない。

門前市からスタート／今も下町風情色濃く

◇人口密度は世界第2位

台湾は本島と大小七十九の島を合わせて、総面積約三万六千平方キロ。本島は九州とほぼ同じ広さで、南北に長いサツマ芋形だ。総人口は約二千万人だから人口密度はかなり高く、バングラデシュに次いで世界第二位。ほとんどが漢族で、首都・台北には約二百七十万人が住んでいる。

台北を歩くと、西側には古い街並み、東側には新しい高層ビル群と二つの顔を持っているのが分かる。華西街、広州街のある龍山寺一体は萬華といい、台北市内でも最も古くから開けた問屋街だ。一九〇〇年代に入って商業の中心は北の迪化街や西門町に移ったものの、いまなお味わい深い下町風情を色濃く残している。華西街の夜のにぎわいは、東京・上野のアメ横を上回るものがあるが、商店の発祥の地は龍山寺前の広場。ここで屋台の店を広げて商いをし、いまの形になったのは三十年くらい前ということから見ても、このかいわいはいわば寺町、門前市として栄えてきたのだろう。

龍山寺は二百四十年以上の歴史を持つ台北市最古の寺。大陸の福建省から入植した人々が貿易・航海の守護神として建立したのが起源だ。第二次大戦中に爆撃で焼失、再建された。龍山寺は現在も台北の誇りだが、淡水河沿いのこの地に定着、開拓に励んできた人たちは、ここを心のよりどころにしてエネルギーを培ったのだろうか。台湾の宗教に特徴的な混神。主神の観音菩薩とともに民間信仰の神仏数十種がまつられている。

濃厚な色彩と装飾が施された内部は圧巻だ。一心に祈っている人が何人かいた。五十センチもあろうかという長い線香とともに手にしているのが半月形の「神片」。二つで一対で、願い事を念じながら、床に落とす。表と裏の組み合わせになると願い事はOK。両方とも表、または裏にそろったときはやり直し。ただし三回まで。それでも駄目な場合はさらにおみくじと合わせておうかがいを立てるが、周りには目もくれず、祈りに没頭する人たちの姿は、とても印象的だ。

◇原宿と新宿を足した町

参拝する人の中にも若者もいる。原宿と新宿をプラスしたようなプレーゾーン西門町をかっ歩する若者像といま一つ結びつかない。が、祖先から受け継いできた熱い信仰心は、社会の変遷や世代を超えて、人々の身内にたぎっているのかもしれない。

龍山寺付近が熟年向きの街とすれば、市の北の端の文教地区、士林は若者で華やぐ地区だ。学生街の中心にある古くて小さな映画館のわきにある狭い路地に入ると、そこはもう屋台街。本革の靴百五十元(約八百五十二円)レモンジュース十五元(約八十五円)鶏蛋蚵仔煎(鶏とカキの卵とじ)は二十五元(約百四十二円)…。百軒もあるという奥の食堂街は「おいしくて安いものを」求めてやってくる学生たちの〝胃袋〟をみたす。

しかし、いま台湾の市場は近代的な衛生観念と流通システムの進化の波に洗われ、変ぼうしつつある。「昔は主婦は朝、家族を送り出した後、市場で新鮮な材料を仕入れたものだ」と地元の李鏞さん。「ここ二、三年、急激にスーパーマーケットのチェーン店ができ、冷凍車で宅配する。割安、衛生的、手軽さが受け、いまでは一週間分の材料を冷蔵庫で保存する生活です」

そういえば士林で会った若いカップルは「ここへ来たのは二、三回目。不衛生だけど、まあまあだから」と語っていた。台北の市場はだんだん姿を消していく運命にあるのだろうか――。

◆アクロバット的運転も

台北の朝のラッシュはすごい。排ガスと騒音をまきちらしながら、まさにアクロバット的運転。二輪車はほとんどがノーヘルメットだ。当局の昨年の調査によると、四輪は二百十七万台で、一九八六年当時の一・五倍。また日本のメーカーが資本参加して造っている日本車の年間販売台数も八九年五十万台と、うなぎ上りという。

しかし、最近、奇跡的な高度成長を果たした台湾経済にかげりが見えてきたようだ。市内の証券会社の玄関に若者たちが、朝早くから群がっているのを見て驚いたが、労働意欲の減退は深刻だ。一攫千金を夢み、労働をうとましく思う風潮に、政府は苦慮している。晨杏股份有限公司の総経理、楊彰嘉さんは「早く金をためて家を買おうという姿勢。労働意欲の衰えは産業の基盤を崩す」と憂え、河合楽器製作所と技術提携している東和楽器木業股份有限公司の会長、陳文聡さんも「三年前、戒厳令が解除され、一昨年からは言論の締めつけが緩和された。一方、環境汚染、公害が問題化、強盗事件など治安も悪化してきた」と、話す。

十六世紀、ポルトガル人によって「イラ・フォルモサ（うるわしの島）」と呼ばれたこの島が、この難局を乗り切り、再び繁栄をとり戻すのはいつの日だろうか。

◉平成2年8月26日

コタバルの中央市場　マレーシア

ドームに色彩あふれ／野菜と果物の交響楽

コタバル市内中心部のバスステーションの近くに中央市場はあった。三階建て、丸い屋根のドーム型がユニーク。しかし、そこへ足を踏み入れる前に、建物の外のオープンマーケットをのぞいてみよう。約二百軒という店はマレー人の経営。一日一マレーシアドル九十セント（約百三円）の場所代を支払い、権利を得る。

◈多彩な果実の種類

カラフルなピーチパラソルふうの傘やテントの下にいかにもおいしそうな果物や野菜が並んでいた。ピラミッド型にうずたかく積まれたオレンジ。ここでは一年中食べられる代表的な果物スイカは、ラグビーボールのような形で、日本のより一回り大きい。おしりを一様に通路側に向けて、これまた数百個はありそうだ。スーパーの切り売りスイカになれた目には〝これぞスイカ〟の威容である。大ぶりのミカンのようなリマオ・バリは大一個三マレーシアドル。子供のおやつ用だ。

あちこちの店でサヤエンドウの〝親分〟みたいな豆、ポタイが目に留まった。隣国タイから輸入される商品が多い中で、れっきとした〝マレーシアっ子〟。（こちらは煮てご飯の代わりにするそうな。それにしても果実の多彩さは想像以上だ。バナナ、パイナップル、マンゴー、ひげもじゃが特徴的なランブータンなどとメモに書き留めながら歩いていても、あまりの種類の多さにはお手上げ。マレーシアのトロピカルフルーツは、二百種類を超えるというから、さしずめ国全体が天然果汁百パーセントのタンクだ。

◇一区画に店が共存

さて、ドーム型の屋内へ。ガラスばりの天井を通して陽光が、体育館を思わせるような大ホールにあふれていた。一階は縦横に走る道路を挟んで、長方形に区分けされ、清潔な店舗が並んでいる。といっても長方形一区画が一店舗ではなく、いわば〝向こう三軒両隣〟は商売がたき。しかし、そんな雰囲気はかけらもない。共存共栄なのだ。

売り手はほとんど女性。クアランプールの中国系の人が中心の市場と違って、売り手も買い手もサロン・ケバヤというマレー独特の民族衣装だ。伝統的なマレー文化を伝える東海岸ならでは、の風景だろう。

売り物は果物、野菜、魚、肉と何でも。羽をむしられ、白い肌をさらしている鶏の行列が哀れさを誘う。一方、キャベツの白、トウガラシの深紅、トマトの赤などは「なぜ、こんな色に？」と思うほど鮮やかだ。

「何が欲しいの」と人懐っこい笑顔で声をかけてきた野菜売りの女性ファウジア・ベンティ・アリさんは「商品の値段はみな同じだけど、競争が激しいから新鮮さで勝負するしかないわ」。牛は朝五時にと畜して七時にはもう運びこまれるというから、セールスポイントはやはり新鮮さ。ちなみにこの市場には共用の冷凍庫があり、一日一マレーシアドル三十セントの手数料で魚肉類を保管してくれる。

◇働き者の女性たち

女性はみな働き者だが、アリさんも早朝六時から夜七時まで店を出している。彼女はアクセサリーをいっぱい身につけていた。ブレスレットの値段をぶしつけに聞いたら「五百

（マレーシア）ドルよ」と教えてくれた。
二、三階はスパイス、海産物、日用雑貨店と食堂。二階は中国系の人が経営している。ここから見下ろすバルコニーふうドーム全体の美しさもさりながら、階下のありさまは、ひときわ壮観だ。こんなにファンタスチックで豊かな色彩にみちた光景に出合ったことがあったろうか。
ハイドンの作品に「おもちゃの交響楽」という曲があるが、こちらは「野菜と果物のシンフォニー」。いまにもバナナやブドウやトマトが四分音符、十六分音符に変身して踊り出しそうだ。トウガラシはさしずめ休止符かな。そんな空想にとらわれて見とれていたら、ほんとうにゆらゆら精気が立ち昇ってきそうな気がしてきた。

いつまでも離れない私を見て、傍らにいたマレー人が言った。「ここが好きですか。コタバル人も大好きですよ」――。

大道芸人も出る夜市／純度高い文化を保つ

◇商品は一日で売り切る

フルーツの王様ドリアンは、マレーシアでは割に無造作に屋台などで売られている。しかし、ほかの果物に比べて価格は高価で、日本円にして二、三百円はする。もっとも日本で買うと万単位にはね上がる。地元では「女房を質に入れてでも」食べろ、といわれるそうで「王様」に比べるとバナナやパパイアは兵隊の位でしかない。強烈な香りを発散するためホテルへの持ち込みは厳禁。しかし、何ごとも経験、とトライした結果は意外といけた。

トロピカルムードの中央市場は毎日開かれる。朝五時ごろトラックで商品が着くと一日の始まり。客はマレー人が多く、終日にぎわうが、人気の的は値段の安さと新鮮さ。スーパーマーケットで二日置く商品をここでは一日で売り切る。

生鮮食品だけでなく、アジやエビの干物、ジャコまで売っているが、主力ははやっぱり野菜だ。以前、市場はあちらこちらにちらばっていたが、一カ所に集まって現在の中央市場になった。この市場がそろそろ店を閉めるころ、代わって目を覚ますのがナイトマーケット。中央市場近くの広場で露店街が店開きする。

果物を売るのは昼間の風景と変わりないが、大道芸人や薬売りが新たに登場する。何を売るのか、だみ声で延々と口上を述べる男。その横ではマレー料理の煮こみがいいにおいを放っていた。ビール&チキンバーガー一マレーシアドル五十セント（約八十一円）の店もあれば、炭火をうちわであおぎながら、肉のクシ焼きをじゅうじゅう焼いているおばちゃんもいる。マーケットそのものの昼と夜の表情は多少異なるが、集まってくるコタバル庶民の飾り気のなさ、素朴な生活感覚は変わらない。

◇伝統誇る民族芸能盛ん

コタバルはケランタン州の州都。コタバルを中心とした同州は紀元一世紀の古くからインドネシア、ボルネオ、タイの文化圏の中で純度の高いマレー文化を保ってきた。たこ揚げ、影絵芝居、コマ回しなど伝統芸能が盛んなのもそのため。ケランタン州にしかなく、マレーシア航空のシンボルマークになっているハンドクラフトのたこは実にカラフルだ。コマ回しもそうだが、ただ単に子供のおもちゃではない。マレーシア人のハートを感じさせる立派な文化なのである。

この情緒あふれる街にも戦争の傷跡がないわけではない。コタバルの北十三キロのダサール・サバク海岸は一九四一年、日本の侵攻軍が上陸した地点。英軍のトーチカが残っているが、いまでは海水浴場。ヤギがのんびりと散歩していた。

◇フェリーでタイと往来

コタバルから北西に行くにつれ、仏教寺院が多くなり、タイの国境が近いことを思わせる。トゥンパットには全長四一・二メートル、高さ一〇・七メートルというマレーシア最大の寝釈迦(しゃか)仏があった。タクバイ川(タイ領)を挟んでタイと国を接するプンクラン・クブには国境というもののしさは全くない。対岸にはタイのタバー村の街並みと行き交う人がはっきり見てとれる。

両国をつなぐフェリーボートの料金は五十セント。約五分で着くが、客が集まらないと出発しないので、それまで人々は川を眺めながら待っている。その一方ではタイから運んできた魚を船から下ろし、トラックに積む数人の作業員を見かけた。はだしでビニールのずきんをかぶり、腰まで水につかって働く男たちは一言もしゃべらず、私たちには見向きもしなかった。

コタバルでは創業三年、愛知県瀬戸市に本社があるマルリー商会が輸出専門の仕事をしていた。陶器製のクリスマス用人形や鳥の置物をアメリカを主に、一部イギリスにも輸出している。日本でデザインし、サンプルを作って紹介、要望の多い人気商品を製作する。「コタバルには良港がないので、クアラルンプールを通して輸出入している。土は輸入に頼っているが、注文がありさえすれば十分発展の余地がある」と藤田要次課長。

◇日本人の観光客が急増

マレーシアの海岸線は延べ四千七百キロ。かのマルコ・ポーロもマレー海域を通っている。第二次産品が少ない産業構造が海を美しく保ってきたといわれる。マレー系、中国系、インド系と多彩な民族性をとり入れて成り立っているが、ことしのマレーシアは複合民族国家としての民族の祭典「ビジット・マレーシア・イヤー一九九〇」にわき返っている。クアラルンプールではホテル、デパートなどのビル建設が進み、好況ムードいっぱいだ。観光客の増加、とくに日本人は予想以上のペースで急増、それにつれて、ホテル代、土産物の値上がりが目立っているといい、サービスダウンを気づかう声もある。

かつて天然ゴム産業がふるわず、痛手を受けた。日本、韓国の経済発展に範を求めた「ルック・イースト」政策が打ち出されたことがあるが、国をあげての「ビジット・マレーシア」こそ「ルック・イースト」から「ルック・マレーシア」を目ざすマレーシアの意気ごみかもしれない。

ジョクジャカルタの鳥の市　インドネシア

●平成3年3月10日

路地裏にざっと40軒／〝美声〟求めて売り買い

◇軒先に道端に鳥、鳥

カーカー、コケコッコー、ピーピー、チーチー…。「PASAR NGASEM（パサール・ガッサム＝鳥の市）」と書かれた看板をくぐった路地裏は、うるさいほどに鳥の鳴き声が満ちみちていた。薄暗く、ごちゃごちゃした店の中、軒先はおろか、道端にもわがもの顔の鳥、鳥、鳥。

ジョクジャカルタの名物、鳥の市。約四十軒の鳥屋がここで店を開き、約五十種類の鳥を商う。ハト、カラス、カナリア、シャモ、九官鳥、オウムなどのインドネシア産とヨーロッパ、アフリカや日本、台湾、香港などのアジアから輸入する鳥の二つの部門に分かれ、それぞれ専門店がある。

迷路のように入り組んだ路地をたどっていくと、突然でかい鳥に出くわした。体長はざっと二メートル。曲がりくねった巨大なくちばし、真っ赤な丸い目は、まさしく和名オオハシというキツツキ目の鳥だ。東南アジアでは愛情鳥と呼ばれている。珍しいので、つくづく眺めていたら〝敵〟は一瞬うさんくさそうに私たちの方を見た後は、ちんと、はく製のようにすましこんだ。次の日行くと、もう売られていったのか、姿が見えなかった。

東南アジアの人たちは無類の鳥好き。美声を競わせるために金をかける。しかし、一般庶民にはハト一羽二百五十ルピア（約二十円）―五百ルピアといったところが手ごろな買値。とはいえ、ここへやってくる客は買い手とは限らず、手持ちの鳥を売る人、もっといい鳥に交換しようという人が手に手に竹細工の鳥かごを持って、お目あての鳥の〝のど〟にほれぼれと耳を傾けるのだ。

◇山猫やイタチも売る

ある店先でハトを手にした少年の一団と出会った。何か夢中になって品選びしている。黄、赤、青と塗料で色をつけた竹製の笛のようなものだ。「これは何？」「ハトのしっぽにつけるんだ」。少年たちは適当な笛を見つけ、自分のハトの羽にゆわえつけて、パッと放った。竹の笛＝サワガンは空で暑い風を切るように「ヒュー」と、かすかに鳴った。

しかし、ここはただ単に観賞、愛がん用の鳥類を売買する〝動物天国〟ではなかった。表通りともいうべき一本道からさらにせばまった奥に入ると、動物たちが、うずくまって目を光らせていた。

サギがいる、山猫がいる、イタチがいる、犬、猿、ウズラ、ハト、七面鳥……。このうちの何種類かは食用になる。ハトはてんぷらに、七面鳥はおなじみクリスマスのディナー用といった具合だ。

◇えさ売る商売も繁盛

ところで、動物たちにえさはつきもの。ここではえさを売る商売もけっこう繁盛している。鳥たちの声をより美しくするためには、やっぱり生きえが極上というわけか、もっぱらアリやアリの卵、コオロギ、ドジョウ、毛虫が売り物の中心。コオロギは竹の筒に入れて持ち帰れるようになっている。声をよくするといえば、人々の鳥への肩入れの仕方は並々ではなかった。グループの中で一羽〝声自慢〟の鳥がいると、それにつれてほかの鳥も上達するそうだが、それではまだるっこい。

「そのやり方では何年もかかってしまう。ですから、テープレコーダーに鳥の鳴き声を入れ、それを流して訓練するんですよ」。なるほど、店先で一生懸命、笛を吹いている売り主のおじさんは、そういうことだったのか。

まつわりつくような暑さに汗をふきふき、市場を出た。ベチャ(輪タク)に乗り、自分の顔も見えないくらいの大荷物を積み込んだおばあちゃんが、みるみる遠ざかっていった。

ジャワ文化発祥の地/王室もめでた? 珍鳥

◆巨大な遺跡が残る

ジョクジャの愛称で親しまれているジョクジャカルタは、ジャワ島のほぼ中央にあり、ジャワ文化の発祥の地として知られている。七—九世紀ごろ隆盛を極めた仏教、続いて起こったヒンズー教文化の中心地として栄えた、いわば古都だ。巨大な遺跡も数多く残っており、その代表的なのが近郊のボロブドゥール寺院だが、日本からのツアーは、バリ島経由の日帰りコースがほとんどで、この〝インドネシアの京都〟に足をとどめようという旅行者は少ない。現地の人は、それを残念がっていた。

鳥の市はジョクジャのメーンストリート、マリオボロ通り近くにある。第二次大戦前からここにあったのは確かだが、発祥のゆえんは定かではなかった。王宮と至近距離にあるところから王室とかかわりがあるのではないか、という説もある。鳥に何千万ルピアもの高額をはたく金持ちもいるのだから、サルタンが熱帯産の美しい鳥や異国の珍しい鳥をめでたことも十分考えられるだろう。

鳥の市には、ブルジョア向きの高価な鳥もいるが、比較的容易に手に入る鳥もたくさん売られている。庶民がそれなりの鳥を買って楽しむことができるのが、ここのよさであり、インドネシアらしい温かさである。この市で目を見はったことはほかにもあった。鳥かごの美しさだ。市場の中や外へ出た通りにひしめく鳥かご屋には、さまざまな形の竹細工のかごが、びっしり置かれている。竹を削り、編んだだけの素朴なもの、手のこんだ装飾をほどこしたもの、いずれもそのまま部屋のインテリアにしたいほど素晴らしかった。

◇茶色に濁るソロ川

鳥の市はジョクジャカルタの北東六十キロのソロにもあった。小規模だが、開放的だ。人々は陽気に取材に応じてくれた。活気にあふれているジョクジャカルタに比べて、ソロは昔ながらのジャワの王家の街という雰囲気を色濃く残している。市内を貫流しているのが、日本人にも歌でおなじみのブンガワン・ソロ（ソロ川）、ジャワ島で最も大きな川だ。

しかし、実際のソロ川はイメージとはほど遠い茶色に汚れた泥川だった。対岸との交通は渡し舟。オートバイに鶏をぶら下げた若者や自転車の女性、子供たちが五十ルピア（約四円）、自転車ごとだと百ルピアの舟賃を払って乗り込む。

乗り物といえば、ジョクジャカルタでもソロでも目につくのがベチャ（輪タク）だろう。一キロ二百—四百ルピアが相場だ。ある日、ホテルから市場までベチャに乗った。二百ルピア欲しいというのを百ルピアに負けさせると、不承不承走り出したのはいいが、全く違う道を行きそうになる。カメラ氏と二人で慌てて「ノー、パサール・ガッサム！」と怒鳴ると、向こうは向こうで「バティック、バティック！」とやり返す。どうやらバティック（ジャワさらさ）の工場へ案内しようということらしい。バティックを買いあさる日本人は多分、いい客なのだろう。

ベチャは日本の人力車文化に起源を発しているらしいが、うまく利用すると、エアコンつきの車の中からでは見えない街の表情が身近に感じられる。

いま日本とインドネシアの経済関係は原油やLNG（液化天然ガス）といったエネルギー源や工業原材料の多くをインドネシアに依存していることからいっても深いものがある。

一方、インドネシアの一般の人々の生活の中にも日本製品を通じて経済大国、先進工業国・日本が浸透しているが、それは日本の〝顔〟の断片にすぎないだろう。

◇〝公害輸出〟は問題

ジャカルタは短期間のうちに急激な発展をとげた大都市だが、ここにもジャパンマネーによる公害の影がしのび寄っている事実が最近報道されている。日本企業が合併でつくった工場が、重金属をジャカルタ湾にたれ流したのが原因で汚染され「ジャカルタ病」といわれる水俣病に似た症状を訴える住民が続出しているという。これでは〝公害輸出〟だ。インドネシアに限らず、アジアの国々での環境破壊は深刻なのに、私たちは無関心でおれるのだろうか。

ジャカルタの中心街の夜は車のヘッドライトで光の渦になる。空港から市街へ向かう道路はほこりっぽく、延々と交通渋滞が続く。車に駆け寄る物売り少年、深夜になろうというのにホテル街の交差点では、布切れを持った子供が停車するマイカーのフロントガラスをふいて、料金をもらっていた。貧富の差の大きいこの国の、これは一つの断面なのかもしれないが…。

七十代の現役記者として

平成四年、六十歳になった私は本来ならば定年の年なのだが、たまたま他の用件で編集局長のもとを訪れた際「今度はどこの部に行きたい?」「もう一度、芸能部に行きたいです」というやりとりを経て文化部に配属、七十五歳まで勤務を続けることになった。

平成六年、二回目の社会部配属となる。翌年は戦後五十周年、「あれから50年　戦争体験を語る」などの大きな企画が控え、即戦力として引っ張り出されたのである。元兵隊や民間人などいろいろな方に戦争体験をインタビューした。最初は頑なに拒んでいた方も、やがて堰を切ったように話しはじめたことが印象に残っている。昔から問題になっている従軍慰安婦や南京大虐殺についても、実際に現場を見た証言者による意外な新事実を耳にする機会があった。

平成六年、小牧空港に中華航空140便が墜落するという大事故が発生。帰宅する間際に乗客名簿を作れという指示があり、慌てて換算表をみながら年齢を作成していたところ、「間に合わん」と上司に名簿を取り上げられたこともある。平成七年は阪神淡路大震災、オウム真理教が起こした地下鉄サリン事件で世の中が騒然としていた。

平成九年頃、東京新聞の企画としてはじまった「名作散歩」の取材チームに参加することになった。司馬遼太郎の「竜馬がゆく」では高知に、「おくのほそ道　山形編」では立石寺の一〇五〇余段の石段を歩いた。三十代の頃は夏は山登り、冬はスキーで鍛えていたので「おい山女」と呼ばれるほど体力には自信があったが、さすがにきつく感じた。オペラ「蝶々夫人」ゆかりの地である長崎のグラバー邸では、グラバー夫妻の長男の自殺という悲話に心を痛めた。生活部ではファッションショーや美術展を取材したり、料理研究家のケンタロウ氏の担当になったりと様々なジャンルの専門家と交流することが出来た。生活費の足しにはならないまでも、在職中から請われるままに評論家としての顔を持ち、音楽関係の雑誌に寄稿していた。

平成十九年、七十五歳になり、ついに退職となった。「戦争と平和の資料館ピースあいち」のボランティアスタッフを五年ほど続け、現役を退くことになる。

◉昭和63年8月25日　―デスク登壇（49）―

文化部の夏は書き入れどき／教育賞・マンガ大賞など進行中

◇日課の一つ原稿請求

編集局内のテレビが正午のニュースを報ずるころ、作家の井沢元彦氏の自宅に電話をするのが、ここ一年半の日課のようになってしまった。

井沢氏は朝刊の小説「信濃戦雲録」の筆者。電話をかけるということは、つまり原稿の請求である。ファックスで送信してもらった原稿を受け取っても、安心というわけにはいかない。原稿をコピーして挿絵担当の画家に届ける。本文と絵がそろって、ようやくＯＫとなるのだが、内容をチェックするのも大事な仕事。筆者の勘違いから突如登場人物の名がすり替わったり、戦国武将の位置関係が混乱したりする。絵も時代考証があってややこしい。読者の目は厳しく、冷や汗をかくことも一度ならず。

小説はすでに五百回を突破、ことしいっぱいで完結の予定だが、校閲さんの協力もあって、いまのところ、さしあたるミスもなく過ぎている。

文化部の夏は書き入れどきである。もっか同時進行なのが中日教育賞、中日マンガ大賞、王位戦、中日展、本社主催の絵画展などだ。十月に贈呈式が行われる教育賞、毎年、新年号の八ページ特集を飾るマンガ大賞は、いずれも半年がかりで準備するが、目に見えないこまごまとした作業が多い。すでに応募締め切りがすぎた教育賞は、及ばずながら事務局を仰せつかっているが、締め切り日が近づくにつれ、目の前の電話がバンバン鳴り出した。

推薦者は、どういう立場の人がいいのか、ハンコは私印か職印か、の問い合わせからいま書類作成中だから、一日か二日の猶予を、のぎりぎり駆け込み組まで、対応に大忙しだった。中部九県から寄せられた推薦書は百件を超す。これを基に資料を作り、選考会議を開き、贈呈式にこぎつけるまで、本番はまだこれからだ。

一方、マンガ大賞は今回、審査員の一部を入れ替え、刷新を図ることになった。年末に実際に紙面が出来上がるまでう余曲折、第一回から担当している有海千尋記者が、頭を悩ます場面がこれから多くなりそうだ。

◇責直勤める紅一点

文化部生活は二年半。その間に男女雇用機会均等法が発足した。わが社でも女性の宿直が始まって、私にも責直が回ってくる。「こんなに遅くまで何をやってるんだ」「えー、責直なんです」「へえ、責直やっているのか」。しばしばこんな会話が深夜の局内で繰り広げられる。女性の責直者は私一人とあって、どうも影が薄いらしい。初体験の夜はさすが緊張したが、徐々に慣れてきた。仰天するような事件にはまだ遭遇していない。

それはともかく、守備範囲の広い文化部にあって勉強することばかりである。作家、芸術家、科学者、医師、学者など多彩な分野の人たちと会い、実に多くのものを得ている。いや、そういう人たちからばかりではない。最近、出張した福井県大野市の朝市で野菜を売るお婆ちゃんに出合った。いい笑顔だった。

「ここにもちゃんと生きてる人がいる――」。胸の奥が熱くなった。私は思わずじゃが芋を買ってしまった。

お婆ちゃんのことは記事にならなかったが、いまも強烈に私の心に焼きついている。

（文化部次長・阿部孝子）

名作散歩

司馬遼太郎著　竜馬がゆく(上)

◉平成10年6月14日

〝奔流〟へこぎ出す南国の志士

ワシントンヤシが、ゆったり葉を広げた並木道が、いかにも南国らしい。ここは高知市。司馬遼太郎の『竜馬がゆく』の主人公で幕末の志士、坂本竜馬の古里だ。この作品は竜馬が江戸へ剣術修行に旅立つところから始まり、京都で暗殺されるまで、三十三年の短い生涯を疾風のように駆け抜けた風雲児の物語だ。

高知市へ入る浦戸湾の入り口に位置する桂浜へ出かけてみた。竜馬像と月の名所で知られるこの浜は人気の的で、この日も家族連れや観光客でにぎわっていた。竜馬の若いころも桂浜での砂上の宴は土佐の若侍のならいだったらしく、竜馬もよくここで仲間と酒を飲んだ。

——竜馬は、鳴門の海の上にかかっている細い月を見ながら（あの桂浜の月を追って果てしもなく船出してゆくと、どこへゆくンじゃろ）と思った——

この丘の上に平成三年に完成した高知県立坂本龍馬記念館には、手紙などの資料を展示、竜馬の活動や人間性を知ることができる。オープン以来、八十七万人余が訪れた。八五％が県外からの人で、六割を若者が占める。NHKが昭和四十三年に大河ドラマ「竜馬がゆく」を、さらに平成四―五年に大河アニメ「おーい！　竜馬」を放映し、一気に若い世代に火がついたという。ものにこだわらず、恋をし、階級意識を超えた竜馬の生き方が、若者の共感を誘った？

年表と竜馬の手紙を付き合わせると彼のキャラクターがよく分かるというのが、同記念館の小椋克己館長（六九）。「竜馬は日本のあるべき姿、つまり、もっと新しい近代的日本を夢みていました。彼が偉かったのはむやみに血を流さず、チャンスを待つという態度をとり続けたこと。本家が商人だったせいか、商売のセンスも十分生かしてますね」

司馬は、この作品で何を言いたかったのか。小椋さんは同館に展示してある司馬のメッセージの一節にそれが隠されているという。昭和六十三年の竜馬像建設発起人物故者の追悼会に寄せられたもので、初めて銅像に接した時の印象に触れ「『全霊をあげて、あなたの心を書く』と、そのときつぶやいたことを私はきのうのように憶《おぼ》えています」と述べている。「心」とは「志」。たとえ道半ばで倒れようとも志を持つことの素晴らしさを、司馬は訴えたかったのかも。

「坊さん　かんざし」で有名なはりまや橋はJR高知駅から徒歩十五分。若僧・純信と美女・お馬の恋物語は竜馬の若いころの実話で、歌好きで明るい土佐人の手で「よさこい節」に織り込まれたらしいが、この美女は坂本家に出入りしていたから竜馬とは縁がないわけではない。

この橋も今年の三月、朱色の太鼓橋が架かり、リニューアル。すぐそばのビルに「からくり時計」がお目見えして、新しい観光名所、デートスポットになった。

竜馬は江戸での修行のおかげで北辰一刀流の使い手にはなったが、高知時代は万事おくて。その間に時代は大きく動き始めていた。やがて竜馬は武市半平太が結成した土佐勤王党に参加したが、限界を感じ、さらに大きな天地を求めて決断した。

脱藩。

文久二（一八六二）年。二十八歳の竜馬は、待ち受ける苦難の道を予測したかどうか。しかし、この「脱藩の道」は間違いなく日本の夜明けにつながっていった。

◉平成10年6月21日

司馬遼太郎著　竜馬がゆく（下）

型破りの志士　世に出す

坂本竜馬は土佐を脱藩、檮原《ゆすはら》街道を通り、伊予（愛媛県）国境を目指している。しかし司馬は『竜馬がゆく』の中で、この山間《やまあい》の道について何も語っていない。事実、後の『街道をゆく・二十七』で「二十余年来、そこへゆきたいと思いつつ、果たさなかった」と書いているから、この作品の執筆の段階では足を踏み入れていないと思われる。

脱藩以後の竜馬は、勝海舟の門下生となり、海援隊を組織したり、薩長和解のために尽力したり、目まぐるしく働いている。

私たちは竜馬の終えんの地京都へ足を延ばし、伏見の寺田屋へ。寺田屋は寺田屋事件の舞台。事件の四年後、ここを定宿にしていた竜馬も役人に襲われ、寺田屋の養女おりょうの機転で危うく難を逃れた話はあまりにも有名だ。司馬は、おかみお登勢の手記や事件後竜馬が国もとに送った手紙をまじえて、事のてん末を生々しく伝えている。おりょうは後に竜馬の妻となる。

修学旅行生がタクシーで乗りつけて見学にくる寺田屋だが、夜の表情はひと味違う。夕暮れの寺田屋を見たかった。維新のころと同じ提灯に灯が入ると、昔ながらの旅籠の姿が浮かび上がり、幻想的でさえある。闇に紛れて、どこかに不気味な暗殺者の影が…。そんな気にさせられてしまった。

竜馬が刺客に殺された近江屋は、もう残っていないが、死の直前まで住んでいた酢屋が、河原町の龍馬通にあった。酢屋は代々木材業を営む老舗で、中川敦子さんは十代目当主。竜馬を援助した六代目嘉兵衛から語り継がれた竜馬のエピソードを聞きながら育った。ただし、この事実は明治末年まで口外にすることはタブーだったという。「志士をかくまうことは見つかれば命とりですが、六代目は義侠心の強い人だったと思います」と中川さん。

酢屋の表西側の竜馬が住んでいた部屋は現在「ギャラリー龍馬」になっているが、中川さんは「龍馬からの手紙」も企画。竜馬を振り返り混迷する今の日本、未来の日本を考えようと、竜馬の没年にちなみ、三十三歳までを対象に意見を公募（九月三十日締め切り）して、展覧会を開く。両親と同じように毎月、東山にある竜馬の墓参を欠かさない中川さんは「竜馬は偉かった、ではなく、自分の足もとを見つめ、人生を精いっぱい、どう生きるかを問題にした企画です」と熱っぽい。

竜馬の墓は、東山三十六峰の一つ霊山のふもとに共に死んだ盟友・中岡慎太郎の墓と仲よく並んでいる。

ちょっとした坂を上らなければならないが、墓所からは京都の街が見渡せる。訪れたときは人影はなかったが、ささげられた無数の千羽づるや線香の煙は、彼らを慕ってやってくる多くの人たちのいることを物語っていた。

竜馬は型破りの志士だった。司馬による作品のあとがきの言葉を借りると「なによりも海が好きであった。海の仕事がやれるためには統一国家をつくらねばならなかった」のである。

翻って考えてみると、竜馬は司馬が取り上げるまでそれほど重要な存在として見られておらず、維新の大立者の陰に隠れて、むしろ目立たなかった。それは彼があまりにも自由な思想の持ち主だったからかもしれない。司馬がこのユニークな青年を世に送り出したのである。

◉平成10年8月2日

松尾芭蕉著　おくのほそ道（4）山形編

閑かさや…悟りの境地

〈尾花沢〉

芭蕉と曽良は元禄二（一六八九）年五月十五日（新暦七月一日）、奥州から出羽路に入り、十七日に尾花沢に着いた。太平洋側から日本海側へ。途中「夜行くがごとし」の難所である山刀伐《なたきり》峠を越えたのだから、辛苦の旅がうかがえる。

芭蕉主従が身を寄せた尾花沢の鈴木八右衛門は豪商で、清風と号する俳人。長旅の労をねぎらわれ、芭蕉はすっかりくつろいだのか、清風宅と閑静な養泉寺に宿をとり、十日間も過ごしている。

涼しさをわが宿にしてねまる也

この句を刻んだ句碑は、養泉寺の境内にある「涼し塚」にひっそりと収まっている。寺自体はかつての面影はないが、門前には昔をしのぶ唯一の坂道の羽州街道が走り、坂の下には青々と田んぼが広がっていた。はるか左手に月山、右手に鳥海山。曇り空で山は望めなかったが、芭蕉は、これからつえを引くことになる「出羽三山」に思いを寄せ、美しい風景に見入ったのだろうか。

やがて芭蕉は尾花沢を後にする。鈴木清風の進めにより立石寺《りっしゃくじ》(山寺)にもうでるためである。

立石寺は正しくは宝珠山立石寺。貞観二(八六〇)年、清和天皇の勅願によって慈覚大師が開いた天台宗の寺だ。芭蕉一行は、ふもとの宿坊に宿を借りて登っている。

正面の大きな建物は国指定の重要文化財の根本中堂。伝教大師が中国から比叡山に移した灯を立石寺に分けたものを、織田信長の焼き打ちで延暦寺を再建したときには逆に立石寺から分けた不滅の法灯が安置されている。ここを過ぎ、登山口を入ると、いきなり急坂である。

「岸を巡り、岩を這ひて、仏閣を拝し、佳景寂寞として心澄みゆくのみおぼゆ」

この霊気に打たれたように有名な俳句が登場する。

閑かさや岩にしみ入る蝉の声

芭蕉が立石寺を訪れたのは五月二十七日（新暦七月十三日）、暑い盛りだった。数え四十六歳。すでに蕉風を確立していた芭蕉は、この山行にどんな感慨を抱いたのか。

「芭蕉は俳句の何たるかに悟りを開いた境地で、この句を詠んだと思います。立石寺はもともと学問修行の山。つえをつき、長い階段を一段上るごとに煩悩を消すという意味を持っています。昔から芭蕉が聞いたのは何ゼミだったのかという論争もありますが、それは大した問題ではありませんね」と、立石寺六十九世住職の清原浄田さん（六八）。

確かに険しい参道には修行者の聖地を感じさせる場所が多い。そこから上は極楽浄土といわれる姥堂、長い歳月の風雨が直立した岩を削り、阿弥陀如来の姿を現出させた弥陀洞などだ。「閑かさや…」をしのばせるものももちろんある。この句の句碑は根本中堂の傍らにあり、句をしたためた短冊を埋めたせみ塚は、あえぎあえぎ登ってくる老若男女を見つめている。

山腹の杉木立を縫って続く一千余段の階段を上り切り、やっと奥の院にたどり着いた。開山堂、五大堂などのお堂が並び、眺望を満喫できた。

寺領百十五万平方メートル、堂宇の数四十余。雄大である。日本人の精神文化の源のような山寺の山頂に立ち「閑かさや…」の句にこめられた芭蕉のポエジーが、ちょっぴり理解できたような気がした。

◉平成10年11月8日

松本清張著　ゼロの焦点

戦後をえぐった能登金剛

今年は雨ばかり降っていたという金沢の街もこの日は快晴。松本清張の推理小説『ゼロの焦点』の物語はここから始まり、能登路に広がる。

小説の主人公は板根禎子。A広告会社の北陸地方の出張所主任、鵜原憲一と見合い結婚をするが、夫は行方不明になる。禎子は夫の足どりをたどるうち、義兄や夫の後任者、本多良雄が殺され、夫も殺害されたことが分かる。事件の裏には思いがけない事実が隠されていた―。

禎子は金沢から輪島行きの列車に乗り、羽咋の駅で乗り換えて能登高浜に入るまで、かなりの時間を要している。設定されている昭和三十三、四年ごろの交通の便は、こんなものだったのだろうか。その道を私たちは能登金剛まで能登有料道路を使い、一時間半で駆け抜けた。

「陽《ひ》は沈みきった。鈍重な雲は、いよいよ暗くなり、海原は急速に黒さを増した」

禎子が凝視し続けた荒涼の海は意外に穏やかで明るかった。沖の方から淡い緑、青と色を変えながら初冬の陽光にキラキラと輝いている。関野鼻の波打ち際まで下り立つ。様相は一変する。潮騒が高まり、押し寄せた波は岩にぶつかり、白い泡になって砕ける。やはり日本海だ。

昭和三十七年に映画化された『ゼロの焦点』は、その後もテレビドラマ化され、この関野鼻が舞台として一躍有名になり、観光客がひっきりなしに訪れる。

ここから間近のヤセの断崖もロケ地。フェンスもなく、見下ろすと思わず足がすくむが、こわごわのぞき込む人も多い。岩を打つ波がダイナミックだ。

石川県富来町観光商工課の佐藤義裕さんは「昔は能登金剛といえば厳門《がんもん》を指していましたが、ロケの舞台になってから、このかいわいの方がにぎわっています。ヤセの断崖の海面からの高さは五十メートル以上ともいわれますが、三十メートルというのが妥当だと思います。がけの岩の崩落が進んでいるので、今年に入ってから立ち入り禁止にしました。この絶景は自慢のタネですね」

その厳門は能登金剛の代表格。荒々しい波に侵食された洞門は、力強い大自然の技を見せつける。数千年もの間、波が岩を削り続けた洞くつだ。冬期を除いて岩々を巡る遊覧船が出ているので、乗ってみるのもいい。ここには松本清張の歌碑もある。

『ゼロの焦点』の最後も断崖の上で終わる。夫・憲一はかつて立川署の風紀係の警察官で、妻には打ち明けられない女性関係もあったのだ。すべてのなぞが氷解した禎子は和倉温泉から憲一が突き落とされた場所へ急ぐ。そこには沖へ沖へと小舟をこぎ出す、遠くにかすむ犯人の姿があった。

「黒い点は揺れていた。その周囲に、目をむく白さで波が立っている」

清張はこのベストセラー小説を昭和三十三年から「宝石」に連載、三十五年に完結している。敗戦から十三年しかたっていない。戦後はまだ風化していなかった。

『ゼロの焦点』は真犯人が最後になって判明するという意外性の面白さもあるが、一方、強く興味をそそられるのが犯罪の背後にある時代。アメリカ軍占領下の日本の戦後社会の中にあって、運命にもてあそばれた女や男が、そこにはいた。そういう意味ではここに登場する人々も一種の戦争犠牲者だったのである。

◉平成11年2月28日

滝廉太郎作曲　荒城の月

荒涼の石垣に映す栄華の夢

ＪＲ大分駅から特急で約一時間、豊後竹田駅へ降り立つと『荒城の月』のメロディーが優しく迎えてくれた。国民的な愛唱歌として知られるこの曲を作曲した滝廉太郎は、多感な少年期の二年半を竹田で過ごしている。廉太郎少年にとって、岡城は格好の遊び場だったはずだ。後に『荒城の月』の楽想を練るとき、この廃城の面影を、イメージしたに違いない。岡城は廉太郎の心の原風景だったのだ。

岡城の始まりは文治元（一一八五）年、源義経を迎えるために築城、堅城の誉れ高かったが、明治四年に近世の城郭の建物は取り壊され、石垣だけが栄華の夢をとどめている。門柱の跡が重厚さをしのばせる大手門跡を通り、賄方《まかない》、三の丸跡などを過ぎると、目の前に一段と高い本丸跡が現れる。

四方を断がい絶壁の深い谷に囲まれ、西南に竹田の街、はるかかなたに千数百メートル級の山々が折り重なる九重連山が望める。山から下りてくるのだろうか、寒気が肌を刺し、強い風が松や竹林を鳴らす。

そのざわめきの中に身を浸していると、戦乱の世、押し寄せる敵軍をかたくなに拒み続けたこの城の栄枯盛衰が幻のように浮かび上がる。そして累々と続く石垣。山城に大量の石材をどのように運び上げたのか。石組みの面白さ、城壁から谷に向かって、なだらかに下りるラインの美しさ。先人たちの技と知恵を思った。

冬枯れの岡城址に新緑がもえ始めるのは三月に入ってから。やがて「日本さくら名所百選」に選ばれている一千本以上の桜が咲き誇る。

「そのころが竹田のにぎやかになる季節」と地元の人は話すが、私は逆に、この荒涼とした灰色の風景に心をひかれた。

岡城が竹田の象徴的存在なら『荒城の月』もまたこの街に息づいている。街を歩くとそれが分かる。市内で朝夕時を知らせるメロディーも、江戸時代に酒蔵として掘られ、いまは「廉太郎トンネル」として親しまれている岩屋から流れ出すメロディーも『荒城の月』である。

この近くの寺町に廉太郎の旧宅を整備、平成四年にオープンした「滝廉太郎記念館」があり、手紙、写真、自筆譜、ドイツ留学時代に書き残した写譜などを展示している。同館の運営委員で、竹田市少年少女合唱団代表の後藤誠子さんは「彼は物まねでない日本音楽を作ろうという意気ごみがあった。この地域の素晴らしい自然や城下町の風景に囲まれて感受性を育て、それが後々の音楽を創り出す源になったのでは」。

『荒城の月』は昨年のNHK「1000万投票　BS20世紀日本のうた」で歌謡曲などを押しのけ、総合七位となる人気ぶりだ。

しかし、いま『荒城の月』は揺れている。昨年、この歌は小中学校の音楽共通教材からはずされた。「黙っておれぬ」と後藤さんら音楽関係者たちとともに市を挙げ署名運動を展開、集まった署名は文部省に提出するという。メーンストリートにも横断幕が掲げられ「名曲『荒城の月』を21世紀に残そう」と熱っぽい。

文語体の詞(土井晩翠)とロ短調の重々しい調べは、決して今風ではないが、だれしもが一度は口ずさんだであろう懐かしい歌である。その生みの親は今年、生誕百二十年。同県人の彫刻家・朝倉文夫氏による銅像に、どこか幼顔を残して岡城内にひっそりと立っていた。

◉平成11年5月30日

おくのほそ道(9)　宮城・岩手編

興亡の歴史に詩情触発

〈石巻〉

松島見物を終えた芭蕉と曽良は、元禄(一六八九)年五月十日(新暦六月二十六日)、石巻に入った。

松島の絶景を高揚した名文で賛嘆した芭蕉だが、この章では「…つひに道踏みたがへて石の巻といふ港に出づ…。宿借らんとすれど、さらに宿貸す人なし」と旅の心細さを訴えている。ただ「曽良旅日記」には、そのような事実は書かれていない。これも芭蕉独特の創作的手法の一端らしい。

「思ひがけずかかる所にも来れるかな」と芭蕉を述懐させた宮城県石巻市。芭蕉も登った日和山公園は北上川の河口近くにあり、牡鹿半島と石巻湾が見渡せる。今も海の幸が豊かだが、当時も海産物の集散地としてにぎわっていた。

眺望のよい一隅に小さな芭蕉・曽良行脚像が立っている。主従ともわらじを履き、つえをついて、曽良が師をかばうようにそっと背中に手を添えている。何ともほほ笑ましい。

芭蕉は石巻を出て、登米を次の一泊の地に選んでいる。目指すは平泉。二十余里(約八十キロ)の行程だ。

〈平泉〉

登米をたった二人は夕方一関に着いたが、途中、雨がっぱを通すほどの大雨に見舞われた。平泉に藤原三代の栄華の跡を訪ねたのは十三日(新暦六月二十九日)のことだ。

平泉の叙述は『おくのほそ道』のハイライト。石巻ではやや抑えられていた詩情が興亡の歴史に触発されてか、一気に噴出し、印象深い。

芭蕉に倣って高館に登る。源義経のやかたがあり、非業の最期をとげた地と伝えられている。丘の上にはかっちゅうに身を固めた若く、りりしい義経の木像がまつる義経堂《ぎけいどう》が、忘れられたように立っていた。

ここからの眺望は素晴らしい。とうとうと流れる北上川、芭蕉の心の師、西行法師が桜をめでて詠んだ束稲山連山が雄大に広がる。が、素朴な風景であり、藤原氏が築き上げた「黄金の都」をしのばせるものは何もない。芭蕉は、ここにたたずみ「功名一時の叢《くさむら》となる」と、時の流れと義経主従の悲運に胸を打たれ、熱い涙を流している。

夏草や兵《つわもの》どもが夢の跡

芭蕉が高館で覚えた感懐は中尊寺にもつながる。同寺は北方の覇者、藤原清衡の造営による。十一世紀の前九年・後三年の役の犠牲者を弔うためだったが、志は基衡、義経を擁護した秀衡に受け継がれ、約百年、仏国土として藤原文化の華を咲かせた。しかし十四世紀に多くの堂塔が消失し、金色堂(光堂)などにわずかに面影をとどめる。

藤原氏四代の遺体も眠る金色堂(国宝)は金ぱくと四本の巻柱、仏壇、なげしまで白く光る夜光貝のらでんに彩られ、堂全体が一つの工芸品だ。極楽浄土を金色の世界としていた古代インドの思想からいえば、まさにそれを具現したように光り輝く。「清衡は戦いのむなしさ、無常を感じ、敵も味方も恩しゅうを超えての理想郷を作りたかった。だれもが救われる真実の世界、西方浄土です」と、中尊寺の菅原光中執事長。

五月雨の中で、芭蕉は、毅然と立つ光堂への思いに浸る。

五月雨の降り残してや光堂

早朝の中尊寺の森はさわやか。リズミカルなドラミングの響きが静寂を破った。アカゲラ…。やがて芭蕉の身をぬらした梅雨がやってくる。

江間章子作詞・中田喜直作曲　夏の思い出

●平成11年8月15日

耳元で風が…湿原の静寂

夏がくれば　思いだす…

夏。大人も子どもも楽しい思い出づくりのシーズンである。

戦後、苦しい時代にあった日本では数多くの歌が発表され、人々の心に潤いを与えた。その中にはいまも残る名曲が少なくない。『夏の思い出』もそんな一曲だ。

この歌の舞台は尾瀬。作詞をした詩人・江間章子さんは新潟生まれの岩手育ち。戦中に初めて尾瀬を訪れたという。詩の持つ叙情性は作曲家の中田喜直さんによって見事に生かされ、昭和二十四年六月、ＮＨＫ「ラジオ歌謡」で歌手の石井好子さんが創唱。尾瀬とミズバショウが、一気にクローズアップされた。それまでは、わずかに植物学者や地質学者しか行かない静かな湿原だったらしい。

美しい詩とメロディーにひかれて立った尾瀬ケ原は水浸し。弱い熱帯低気圧が居すわり、いっかな動きそうにない。ミズバショウの季節にはすでに遅い。「こうなったら、いまが盛りのニッコウキスゲ」と木道の継ぎ目を数えるようにひたすら歩く。二十七年に敷設された木の道、つまり木道は自然を人から守るためだが、湿原が酸性なので寿命は短く、せいぜいもって四、五年。補修には膨大な労力と経費がかかる。

道の両わきにはカキツバタ、ワタスゲ、ミツガシワ、ヒツジグサ、オゼコウホネ…。かれんな花々の中には、目を凝らさないと見落してしまいそうなか細いのも。植物が枯れて低くなった土地に水がたまってできた池塘《ちとう》に浮島が揺れる。

花のなかに　そよそよと　ゆれゆれる浮き島よ

群馬、福島、新潟の三県にまたがる広大な尾瀬を訪れるハイカーは年間五十万人以上。一年に最低一回はこのフィールドを訪れるという熟年女性に出会った。「私の健康のバロメーターなんです。おかげで今年も来られました」

山ノ鼻から分岐点の牛首を経て、竜宮小屋、さらにヨッピ橋を曲がると、ニッコウキスゲの大群に出くわした。雨にぬれた緑一色の中に、濃いオレンジ色のニッコウキスゲが何万本も咲き乱れていた。ハイカーが一斉にファインダーをのぞき込む。昭和二十年代まで尾瀬の花といえばこのニッコウキスゲ。ミズバショウは影が薄かったらしい。

キスゲの花に囲まれてひと休み。耳元で風が鳴る。何という静寂さだろう。『夏の思い出』の中で

　霧のなかに　うかびくる　優しい影　野の小径

とうたった江間さんも、こんな風景を懐かしんだのだろうか。

立ち入ってはいけない湿原の中に三脚を立てる不心得者もいるというが、登山者への規制は大変厳しい。生活排水は自然を荒らすので、せっけんなどの使用は禁止。微妙なバランスの上に成り立っている湿原は、こうして守られているのが分かった。

夏のまぶしい光にも青い空にも恵まれなかったが、小さな宝石のような花々が慰めてくれた。

『夏の思い出』は親から子へ、世代を超えて愛され、歌い継がれてきた。事実、かつてＮＨＫが募集した「日本のうた　ふるさとのうた一〇〇曲」で堂々上位にランクされている。支持の大きさを物語るものだ。

日本人の「心の財産」のような、これらの歌を忘れない限り、日本の叙情は失われはしない。そんな気がする。

◉平成11年11月7日

島崎藤村詩・大中寅二作曲　椰子の実

砂浜に宿った恋の伝説

愛知県・知多半島の河和港から高速船で約五十分、伊勢湾を突っ走ると、そこはもう伊良湖岬だった。

名も知らぬ遠き島より
流れ寄る椰子の実一つ

と詩人・作家の島崎藤村が詠んだ『椰子の実』の舞台は、この渥美半島・伊良湖岬の海岸である。藤村は明治三十三（一九〇〇）年「海草」という詩の一編としてこれを発表。翌年、詩集「落梅集」に収めたが、自身は伊良湖には行ってはいない。

この作詞のヒントを与えたのは民俗学者の柳田国雄で、伊良湖でヤシの実が流れついたのを見て驚き、東京へ帰って藤村に話したという。

『椰子の実』に曲がついたのは詩の発表から三十六年後。昭和十一（一九三六）年七月、作曲家・大中寅二が作曲し、国民歌謡としてNHKから東海林太郎の歌で放送された。

灯台のある伊良湖岬の先端を境に、右手は波穏やかな三河湾、左手は荒波が打ち寄せる太平洋。航海の難所、伊良湖水道を見下ろす灯台に立つと、かすかにいその香りがする。この灯台から太平洋に面して日出《ひい》の石門までの約一キロの浜辺が恋路ケ浜。柳田は、この浜でヤシの実を拾った。許されぬ恋の道行きに力尽きた男女が、ここで貝になったという伝説もある。

恋路ケ浜。何というロマンチックな驚きだろう。恋を拾いに？　恋を捨てに？　若い女性の思いをかき立てる。それはともかく、浜辺では手をつないだカップルが、陽光を浴びて光る波に向かってジャンプ！　秘めやかな恋の伝説も今となっては、現代の若者には無縁かも知れない。

雄大な海岸線を形づくるこの浜辺は、静岡県の浜名湖まで約七十キロ続く。

「まさか」と思いながら、ヤシの実を探す。荒々しい波に洗われた流木、空き瓶、スニーカーの片一方…。ごみばかりが目につく。

実をとりて胸にあつれば
新《あらた》なり流離の憂《うれい》

このフレーズのちょっとセンチメンタルな気分を実感したかったのだが「ヤシの実探し」は、あえなく幻想に終わった。やっぱり夢は、夢にしておこう。

しかし、この夢を現実のものにしようという人たちがいる。愛知県の渥美町観光協会は「椰子の実」の再現を願って、これまで十一回、計千二百七十四個のヤシの実を、沖縄の石垣島沖合から投流、ことしも六月に百四個を流した。

過去には一度も成功していないのだが、この八月初めに近くの赤羽根町に漂着した実が見つかった。大きさなどが石垣島から流した実とほぼ同じだったところから「初の快挙か」と地元を喜ばせたが、付けたプレートがなく、残念ながら断定できなかったという。

日出の石門を真下に見下ろす公園には、藤村の詩碑があるが、その向かい側に三年前、大中の作曲碑が建てられた。大中の生誕百年を記念し、師を慕う教え子が自筆譜やサインを刻んで築いた。

ここはかつて大中が訪れ、いちばん気に入った場所だという。三十余年の歳月を隔てながら、二人ははからずも良きパートナーとなってこの叙情歌を世に送り出したのである。夕日に映える恋路ケ浜はうっとりするような美しさ。『椰子の実』の古里はやっぱりロマンチックだ。

◉平成12年1月23日

野口雨情作詞・中山晋平作曲　証城寺の狸囃子

ミ、ミ、みんなに愛されて

千葉県木更津市。歌舞伎でおなじみの切られ与三郎と、こうもり安の墓があることで知られているが、木更津といえば、やはり「証誠寺の狸囃子」で有名な證城寺。

証、証、証城寺　証城寺の庭は
ツ、ツ、月夜だ　皆出て来い来い来い
おいらの友達ァ　ぽんぽこぽんのぽん

と口ずさむと、ユーモラスなタヌキの姿と重なって、幼い日を思い出すのは私だけではないだろう。

同寺へはJR木更津駅から歩いても十分足らず。開創は寛文年間と伝えられる浄土真宗本願寺派の寺だ。うっそうとした樹木に埋もれるように立つ「狸ばやし童謡碑」には、野口雨情の自筆による歌の一節が刻まれ、副碑には、これもやはり作曲者中山晋平の自筆になる楽譜の四小説が配されている。

月夜の晩に和尚さんとおはやしの競争をして、ついに自分の腹をたたき破った大ダヌキのおかしくも哀れな伝説は、群馬県館林市の「分福茶釜」、愛媛県松山市の「八百八狸物語」と並んで、日本三大狸伝説の一つ。童謡碑のそばには死んだタヌキを和尚さんが、手厚く葬ったという「狸塚」もあり、石に「狸」の一文字が彫られている。この二つの碑は木更津の観光スポットだ。

木更津には昔から伝えられている「證誠寺山のペンペコペン　おいらの友達ァドンドコドン」という俗謡があり、同市を訪れた雨情が、これをアレンジ、大正十三年に発表した。翌十四年に晋平が作曲、ビクターからレコードが発売され、大ヒットしたが、晋平は詞を全面的に改作しており、これが現在一般に歌われている「証城寺の狸囃子」。

ところで寺の名前は「證誠寺」が童謡では、なぜ「証城寺」なのか。うっかり見過しそうだ。これは当時の住職が「和尚がタヌキと一緒に踊るなんてけしからん」と抗議したため、雨情が困って「誠」を「城に」改めたという面白いエピソードが残っている。

寺の境内には、通い帳や酒とっくりを提げたり、ちょっと埴輪調のタヌキのオブジェが点在、観光客を迎えている。街を歩けばマンホールのふたにも「証、証、証城寺…」の歌詞が――。この穏やかで静かな土地の人々に「狸囃子」が、いかに愛されているかが分かった。

しかし、證誠寺には、タヌキを売り物にするようなものはない。「寺は人間の生き方を説くところですから」と、同寺の隆克朗住職。

「和尚が踊ったかどうかはともかく、寛政九年に五日間にわたって音楽法要を行ったことは確かです」

この童謡は、戦後にも形を変えてはやった。平川唯一さんによるNHKの英会話講座のテーマ曲「カム・カム・エブリボディー」や、アメリカから逆輸入されたアーサー・キットの歌「おなかのすいたアライグマ」がそれ。

雨情と晋平のコンビが日本歌謡史上に残した功績は極めて大きい。雨情と晋平は、児童に親しみやすく、夢を持ったものを、と提唱した「赤い鳥」の童謡運動に参加している。明るくリズミカルなこの童謡は、二人の意欲の結実とみることはできないだろうか。
伝説の街、木更津は、いま東京湾アクアラインの基点として新たな脚光を浴びている。

◉平成12年3月26日

喜納昌吉作詞・作曲　花　すべての人の心に花を

世界の人々の共感を誘う

いま、沖縄県は沸いている。七月に開催される「九州・沖縄サミット」。サミットに合わせて道路や建物の整備が進んでいるが、それだけではない。第二次大戦中の沖縄戦を含み、過去四回全焼し、平成四年、沖縄戦から四十七年ぶりによみがえった首里城は、ことしユネスコの文化遺産に登録される予定だ。さらに城の楼門である守礼門が、新二千円札の図柄になる話題は耳新しい。

琉球王国時代から近代―現代に至るまで、沖縄の歴史は波乱に満ち、独自の文化をはぐくんできた。

昭和四十七年に沖縄が正式に復帰した八年後、一つの歌が世に出た。地元のミュージシャン、喜納昌吉が作詞・作曲し、仲間のバンド、チャンプルーズと歌った『花』である。

川は流れて　どこどこ行くの
人も流れて　どこどこ行くの…

実はこの歌は、昌吉の苦闘の中から生まれている。四十七年、昌吉に言わせれば「あまりにも無知だった」ためにある事件にかかわり、逮捕されてしまった。地獄を見た。服役し、出所した昌吉に世間の風は冷たく、島を追われるように上京した。あるホテルのロビーにいたとき、寂しい心の底からスラスラと歌詞が浮かんできた。リフレインの

泣きなさい　笑いなさい
いついつまでも　いついつまでも
花を咲かそうよ

のうち「『泣きなさい　笑いなさい』だけは二十一、二歳ころにできていたのですが、このときは全体をものの二、三分で書き上げてしまいました。不思議なくらいでした」と昌吉。曲は大ヒットする。

『花』は国境を越えた。タイ、インドネシア、韓国、中国、英語圏…マダガスカルでも歌われている。

「もう数えきれいない。自国の歌だと思っている人もあるほど。いつの間にかラブソングになっちゃったりして…そうじゃないのにね」

昌吉が経営し、自らも出演しているライブハウスが、那覇市の国際通の一角にある。この通りは戦後、驚異的なスピードで復興、「奇跡の一マイル」と呼ばれたメーンストリート。アメリカ兵の姿もちらほら見える熱いエネルギーの街だ。

喜納昌吉&チャンプルーズの演奏も、このエネルギーに負けずパワフルだ。チャンプルーズ・サウンドは沖縄民謡をベースにロックなどの要素をとり入れた沖縄ポップスだが、根底には「沖縄の心」がある。大詰めは沖縄のリズムによる速い踊りカチャーシー。かつて人々は野原に集まり、夜を徹して踊る「もーあしび」（毛遊び）を楽しんだという。「毛」は野原。ステージも客席も一体になっての「もーあしび」は、長い歴史と風土の中で培われた沖縄人のおおらかさを伝える。

『花』は沖縄を飛び出し、日本を突き抜け、ボーダーレスの曲となって世界の人々の共感を誘った。ここで出てくる花は、もちろん特定の花ではない。曲に題されているように「すべての人の心に咲く花」だ。

「私はヒットさせるために曲を作ったことは一切ない。この曲も泣いて、笑って素直な心になり、人間の復権を目指そうという歌です」という昌吉はこうも語る。

「自然との共生を大切に。地球は無限ではありませんから」

『花』が誕生して二十年。古くして、そして新しい歌である。

●平成12年6月18日

北原白秋作詞・梁田貞作曲　城ヶ島の雨

不倫の恋に　うつうつと

梅雨の季節。「雨はふるふる…」の歌詞にひかれて訪れた城ヶ島は、快晴だった。

北原白秋が東京から現・神奈川県三浦市に居を移したのは大正二年。破産した実家を再興するためだったが、人妻との恋愛問題という過去の暗い青春との決別をも意味していた。

この年、島村抱月や松井須磨子らの芸術座の第一回演奏会に歌う新曲の作詞依頼が、白秋の元へ届けられていた。白秋は城ヶ島の浜辺を望みながら詩想を練るが、うまくいかず、完成したのは演奏会の三日前。詩を受けとった作曲の梁田貞は現在の東京芸大の学生で、夜を徹して書き上げたのが演奏会当日の明け方だったという。美声の梁田は、自ら演奏会でこの歌を披露、大好評だった。白秋の詩に曲が付けられたのは『城ヶ島の雨』が最初である。

白秋が三浦市でわび住まいし、この詩を作った見桃寺《けんとうじ》には白秋碑の第一号「寂しさに秋成が書読みさして庭に出でたり白菊の花」がある。「秋成」は上田秋成のことで、白秋はここで秋成の「雨月物語」を読みふけっていたとか。

城ヶ島と相対する三崎側の東端が歌詞に出てくる名勝、通り矢。島を結ぶ長さ五百メートル余の城ケ島大橋を渡り切ったたもとに、白秋の筆になる『城ヶ島の雨』の碑と、梁田の五線譜を刻んだ副碑が、ひっそりとたたずんでいた。

高さ四メートル余り、根府川石を和船の帆にアレンジした碑は、白秋没後の昭和二十四年に建てられたが、一般には目に付きにくく、見すごす人が多いらしい。

ところで、白秋の見た雨は、どんな雨だったのか。

よく歌詞の中の「利休鼠の雨」の意味が話題になる。いろいろ説があり、白秋自身も「どんな雨が降ってくるのですか」と聞かれて困ったというが、一説には茶人・千利休好みの緑色がかった淡いねずみ色という説、いや、それは関係ないという説などがある。

しかし、城ヶ島の雨を真珠や夜明けの霧になぞらえた感覚派の白秋を思えば、理詰めに追求するのはむしろ愚かな行為なのかもしれない。まして不倫の恋で姦通罪に問われた白秋の心は、見桃寺でその女性と暮しながらも、うつうつとしていたのではないだろうか。

とすれば、この雨は現実のものではなく、白秋の情緒的な心象風景に投影された雨と考えるほうが、すんなり納得できるような気がする。

一見穏やかだが、意外に荒々しいのが城ヶ島の海。舟で外洋に出ると、断がいが海に落ち込み、男性的な眺めである。

この白秋の詩は、舟歌として構想された。

ええ　舟は櫓でやる

櫓は唄でやる…

がいかにも舟歌らしく、また梁田の短調のメロディーも、波間にたゆとう小舟を想像させるが、現代の遊覧船は、エンジン音を響かせて、紫紺に光る大海原をけたてるように突っ走る。

白秋はこの後、山田耕筰らと組んで、数々の名曲を残した。

昭和十七年十一月二日、白秋は東京の自宅で世を去った。五十七歳。奇しくも、この日は見桃寺で歌碑が除幕された、ちょうど一年後の同月同日だった。

加藤まさを作詞・佐々木すぐる作曲　月の沙漠

◉平成12年9月10日

遠い異国への夢乗せて

月の沙漠をはるばると
旅の駱駝がゆきました…

大学時代に魅せられた千葉県御宿の砂丘は、いつか詩人の中で幻想となり、美しい月夜の砂漠に生まれ変わった。

名曲『月の沙漠』が、遠い異国への夢を乗せて、視覚的なイメージに訴えてくるのは、詩人がもともと竹久夢二や蕗谷虹児《こうじ》と同じ抒情画家だったせいかもしれない。

詩人としても頭角を現し始めた加藤まさをが、この詩を「少女倶楽部」に発表したのが大正十二年。作曲家を志して上京したばかりの佐々木すぐるは詩を見て感銘を受け、書き上げた曲をガリ版刷りの楽譜にして六百校にも及ぶ小学校に配り歩いたという。やがてこの歌は全国で歌われるようになった。初放送は昭和二年、安西愛子の歌でNHKラジオから流れ、七年には最初のレコード吹き込みが行われた。

加藤が毎夏のように過ごしたころの静かで風紋の美しかった御宿の海岸は、いまでは四季を通してサーファーたちでにぎわう。その一角にラクダに乗った王子さまとお姫さまの記念像が「アラビアン・ナイト」の物語から抜け出たように若者たちを見下ろしている。

高さ二メートルもあるブロンズ像は実は二代目。初代は粘土と石こうで形を作り、ポリエステルで固めて昭和四十四年に完成した。しかし、長い歳月の間、風雨にさらされてボロボロになったため、建立二十周年に当たる平成二年「ふるさと創生事業」によって建設された月の沙漠記念館オープンと同時に建て替えられた。〝引退〟した初代は、いまでも御宿町が大切に保管している。

四十四年に最初のモニュメントが制作されたときは、加藤と同郷（静岡県藤枝市）の彫刻家・竹田京一をリーダーに六人が共同制作したが、いろいろ試行錯誤があったらしい。それについては四十五年に加藤がある雑誌に寄せた手記に詳しい。

手記によると彫刻家の仕事はまず動物園通いから。ラクダという厄介な動物を研究するためだったが、すぐ行き詰る。そこで砂漠やラクダのエキスパートである新聞記者にお知恵拝借と決めた。

人々をメルヘンに誘う金銀のかめやラクダのくらも彼にしてみれば「とんでもない」ことだった。「金と銀のかめでは中の水は煮立ってしまう。砂漠の水入れは皮袋に限る」。そうなると金や銀のくらでは、王子も姫もおしりをやけどすることになる、と加藤は述べている。

また、竹田はこうも聞いている。

「ラクダは雄のほうが立派では？」

「雄は気が荒くて振り落とされちゃう。乗り物のラクダは雌です」。これを読むと膨大な宿題を課せられた彫刻家の戸惑いが目に見えるようだ。

しかし、その新聞記者の弁としてつづられた言葉は極めて印象的だ。

「私たちは現実の砂漠を知った後も、やはり〝月の沙漠〟の歌に心をひかれるだろう。どこか知らないが、そんな砂漠がきっとあるに違いない。本当はないんだが、あるに違いない」

「大正ロマン」の中で誕生した『月の沙漠』は、当時の日本人の心の奥底に潜む夢をかきたてた。

夜遅く再び浜辺に出てみた。昼間のにぎわいがうそのよう。「朧にけぶる月の夜」が、そこにはあった…。

◉平成12年11月26日

北原白秋作詞、中野晋平・山田耕筰作曲　砂山

砂浜消えてもロマンは残る

日本海は冬枯れていた。

重苦しい鉛色の空。潮鳴りとともに押し寄せる波は、消波ブロックに激しくぶつかり、砕け散った。この荒涼とした景色は、冬の間中続く。

海は荒海

向こうは佐渡よ
すずめ啼け啼け…

詩人・北原白秋がうたった『砂山』の舞台となった新潟市寄居浜。遠くに薄紫にかすむ佐渡島は、この浜辺から直線距離にして約六十キロ。高速船で一時間の所に位置する。

大正十一年六月、白秋は招かれて講演のため新潟を訪れ、小学生の大歓迎を受けた。すっかり上機嫌になった白秋は子どもたちと新潟の童謡をプレゼントすることを約束した。

夕暮れ、寄居浜に立ち寄った白秋は、自分の住んでいる神奈川県小田原の海と全く違う風景が印象的だったらしく、早速詩作、中山晋平に作曲を依頼した。完成した『砂山』の歌は九月に新潟へ送られている。

白秋の見た浜は、歌詞に「茱萸《ぐみ》原わけて」とあるように砂よけのグミの原が広がり、たくさんのスズメが群がっていたという。しかし、いま私たちの目に映るのは、まばらになったグミの木や波に侵食されてほとんど昔の面影を失った砂浜でしかない。八十年近い時の流れを考えれば、当然のことかもしれないのだが…。

この詩にひかれたもう一人の高名な作曲家がいた。山田耕筰である。耕筰は翌十二年に同じ歌詞に曲を付けている。ただ、二人の曲想は全く対照的だった。庶民的で民謡調の晋平、暗い哀愁を帯び、抑制された感情を短調で表現した耕筰。現在、声楽家が好んで歌うのは、耕筰の楽曲の方だ。

寄居浜の靖国神社の松林の中に、白秋をしのんで昭和三十六年に有志が建てた「砂山の碑」がある。高さ二メートル近い大きな碑には『砂山』の全文が、平仮名の活字体で刻まれている。もともと子どもたちとの思いがけない縁から生まれた歌だけに、子どもにも読めるようにという配慮からだろうか。

碑の前には、自生したツワブキが黄色い花を咲かせていた。落ちこぼれた種が、どんどん株を増やしていくのだという。

白秋は『砂山』で、日が暮れ、お星さまが出るまで砂浜で遊びほうけている子どもたちをイメージしている。事実、白秋は寄居浜で、日が暮れても二、三人の子どもが残ってたき火をしている風景を見かけているらしい。

すずめさよなら　さよならあした
海よさよなら　さよならあした

この歌を作った大正十一年は、白秋三十七歳。長男の隆太郎も生まれて、生涯の中でも幸福な時期に当たる。小学生との約束を果たすために詩才をたぎらせた『砂山』は、さらに二人の大作曲家の手で名曲となり、世に残った。寄居浜からたとえグミの木や砂浜が消え去ろうとも、この歌の持つ限りないロマンは、人の心に長く香り立つことだろう。

●平成13年3月11日

プッチーニ作曲　オペラ「蝶々夫人」

世界中の人々を魅了

オペラを見たことのない人も『蝶々夫人』の名は聞いたことがあるだろう。『ラ・ボエーム』『トスカ』と並んでプッチーニの三名作の一つとしてファンに愛されている。

物語の舞台は明治時代の長崎。芸者の蝶々さんはアメリカの海軍士官ピンカートンと結婚、「必ず帰ってくる」という言葉を信じて幼子とともに待ち続ける。しかし、彼女の前に現れたのは正式に結婚した妻を伴ったピンカートンだった。絶望した蝶々さんは武士の娘らしく、誇りを守って自害する。

第二幕。有名なアリア「ある晴れた日に」が始まる。

ある晴れた日に

水平線のかなたに

あの人を乗せた真っ白い船が…

かれんで、いちずな心情が蝶々さんの中で幻想を超え、高揚する。

今でこそ世界中の人々を魅了するこのオペラも一九〇四年、イタリア・ミラノでの初演は失敗だった。『宮さん宮さん』や長唄『越後獅子』『お江戸日本橋』など日本の旋律が多く出てくるが、イタリアの観衆は珍しい風景、奇妙な衣装、なじまない旋律に違和感を覚えたらしい。しかし、自信を持っていたプッチーニは改訂を加え、大成功にこぎつけた。

『蝶々夫人』ゆかりの地といわれるグラバー邸は、かつて外国人の居留地だった高台の一角にある。現存する木造洋館としてはわが国最古のもので、国の重要文化財になっている。ここからは長崎港が一望できる。

私は下りてゆかないの

丘の端にいて待つの

イギリスの貿易商トーマス・グラバーは、幕末日本の近代化に尽力した。「麒麟ビール」の前身のジャパン・ブルワリ・カンパニーの社長だったこともあり、現在の同ビールのラベルにある麒麟の金色の髪は、グラバーに敬意を表し、トレードマークだった口ひげを模したものだ。

このオペラの〝原作〟はアメリカの作家ジョン・ロングの短編小説だった。戯曲化したのは劇作家のデビッド・ベラスコで、プッチーニはその芝居をロンドンで見て感動、オペラ化した。ロングは来日はしていないが、宣教師の妻として長崎に滞在していた姉から聞いた話が基という。

では、蝶々さんは実在したのか？

かつてこの魅惑的ななぞに迫る大論争が繰り広げられたが、決定的な結論は出ていない。ただ、その中で常にモデルではないかととりざたされている女性がいる。グラバー夫人ツルがその人だ。オペラのヒロインと違い、グラバーと添いとげ、幸せな生涯を終えている。

ロングの原作とオペラの中でのヒロインの人間像は必ずしも一致しない。しかし、プッチーニの改訂版は世界で熱狂的な支持を受け、ひたすら愛に生きた日本女性のイメージを人々に植え付けたことは間違いない。

その功績者が日本最初の世界的プリマ三浦環《たまき》だ。グラバー園には、蝶々さんにふんした三浦の記念像が立ち、そばには大理石のプッチーニ像も見える。ちなみに日本初演は一九二一年、ロシア歌劇団によって上演された。また、イタリア年のことし八月、長崎では『蝶々夫人』が上演される予定だ。

蝶々さんは悲劇的な死をとげたが、グラバー夫妻の長男、倉場富三郎も大戦中、しつような官憲の監視を受け、長崎の原爆投下直後、自殺という過酷な運命をたどった。

●平成13年5月27日

小口太郎作詞・吉田千秋作曲　琵琶湖周航の歌

青春の雄たけびを耳に

京都から湖西線の人となって間もなく、伴走するように琵琶湖の雄大な姿が広がり始めた。湖国の人たちにとって「母なる湖」であり「われは湖《うみ》の子」で知られる『琵琶湖周航の歌』の舞台だ。

近江今津で降りると今津港が近い。初夏の光を浴びて群青に光る湖面のかなたには伊吹山を背に仏の島・竹生島がかすんでいる。

古い伝えの竹生島
仏の御手にいだかれて…

大正六年初夏、旧制第三高等学校（現・京都大）ボート部員の小口太郎が琵琶湖周航中、泊まった今津の宿でこの詞を披露したことから今津が誕生の地とされた。

なぞとなっていた曲の成り立ちはやや複雑で、新潟県新津市出身の吉田千秋が大正四年、イギリス民謡「ひつじ草」の訳詞につけた新たなメロディーを発表しており、クルー仲間がこの曲に小口の詞を当てはめて歌ったことが明らかになった。小口は、自分をはぐくんでくれたふるさと長野県・諏訪湖への思いを琵琶湖にプレーバックさせたのだろうか。

三高の伝統行事の琵琶湖周航が始まったのは明治二十六年。大津を出航して二泊三日か三泊四日で、雄松、今津、竹生島、長浜、彦根、長寿寺を経て起点に戻るというコースだ。全行程は約百五十キロにもなったらしい。一見、穏やかに見える琵琶湖もボートで横切るとなると、かなりの危険と困難が伴ったという。

周航の母港である大津市内に歌碑がある。二つの疎水の間に突き出した三保ヶ崎に、おにぎり形の主碑と副碑がひっそりと立つ。主碑の表には「われは湖の子」、裏には建碑の由来が刻まれ、琵琶湖周航八十周年を記念して昭和四十八年に除幕された。副碑には歌の全節と三高の校章も見える。すぐそばには白いペンキで「三高―」と書かれた古い艇庫らしい建物が朽ち果てていた。

われは湖の子さすらいの
旅にしあればしみじみと…

血気さかんな若者たちは、どんな思いを抱いて出艇したのだろう。ロマンと冒険を求めて、あるいは熱い恋を秘めて…。

『周航の歌』は以来、ボート部員、OBたちによって永々に歌い継がれ、昭和三十年代には「うたごえ喫茶」の愛唱歌にもなった。一般に知られるようになったのは、四十六年に加藤登紀子が哀愁をこめて歌い、大ヒットしてからだ。

二〇〇〇年一月には周航の航路をたどる〝追体験〟の試みも行われたという。『周航の歌』は世紀を超えて愛唱されるだろう。

現代の琵琶湖は、夕暮れともなると、色とりどりの噴水が湖岸を彩り、華やかにライトアップしたアメリカ風のショーボートが行き交うリゾート地だ。しかし、時は移ろいながらも人の営みは変わらない。
この歌のルーツを、わずかながらも垣間見た私の耳には、ぼうぼうたる太古の湖のしじまを破って、汗にまみれた男たちの青春の雄たけびが聞こえた。

◉平成13年7月29日

竹久夢二作詞・多忠亮作曲　宵待草

恋多き人の見果てぬ夢

待てど暮らせど
こぬひとを
宵待草の
やるせなさ…

この『宵待草』を作詞したのはユニークな美人画で明治、大正、昭和を駆け抜けた漂泊の画家・詩人竹久夢二。夢二が描く美女は、セクシーというより、たおやかで甘美なリリシズムがにおい立つ。

夢二が十六歳まで過ごした岡山県邑久町の生家は、穏やかな自然の中にあった。かやぶきの家は、生前そのままに保存され、入り口では生涯を通じて最もよき理解者だった画家・有島生馬の「竹久夢二ここに生る」の碑文が、私たちを招じ入れる。

夢二がそこからよくレンゲ畑を見ていたという連子窓《れんじ》の柱には、彼が十一歳のとき嫁入りした姉との別れを惜しんで姉と自分の名の松香、茂次郎《もじろう》を書き記したという。しかし、永い年月はすでに墨の色を消し去ってしまった。

万人に愛され続けた『宵待草』の詩は大正二年、処女詩集の絵入り小唄集「どんたく」の中の一作である。この詩に感激したのが多忠亮《おおの》で、曲をつけ、楽譜が販売されると、全国に広まった。

宵待草とは月見草でなくオオマツヨイグサ。生家の庭にも自生しているかれんな花で、日暮れから開花し、日中はしぼむ。ヨイマチグサという詩的な語感は、この歌を、より情趣豊かなものにしている気がする。

夢二が「待っても」来なかった人とは、だれだろうか。

多感な夢二の女性遍歴もまた有名だ。その生涯にはたまき、彦乃、お葉という三人の女性が大きく登場するが、明治四十三年に千葉県に旅行中、一目ぼれした女性がこの歌のヒロインらしい。夢二は思いを断ち切れず再び訪れるが片思いに終わる。『宵待草』は、夢二の見果てぬ夢から生まれた。

夢二は人気作家にふさわしく、ゆかりの地が多い。生家の近くの資料館「少年山荘（山帰来荘）」もその一つだった。晩年、制作にいそしんだ東京のアトリエを没後、ここに復元した。「少年」というネーミングは「…日の長きこと少年の如し」という中国・宋の詩からとって、夢二が自ら名づけたという。彼は少年のように長い一日を、このアトリエで過ごしたいという夢を最後まで追い続けたのだろうか。

『宵待草』は昭和十三年、映画化されている。夢二のもともとの詩は三行詩で一節しかなかったのを、映画化に当たって、詩人の西條八十が二節を追加して作詞した。だが、いまではその二節が歌われることはほとんどない。

何人もの女性が夢二の人生を彩った。しかし、恋は必ずも成就しなかった。破局もあり、悲恋もあり、愛欲のしがらみに縛られ、葛藤に苦しんだ。その芸術の原点は、これらの女性だといわれるゆえんである。が、夢二をプレイボーイと呼ぶのはいささか軽すぎる。彼の恋は極めて人間的であるからだ。

『宵待草』の詩は少しも理屈っぽくない。むしろ通俗的な〝切なさ〟がある。この切なさに通ずる哀愁と人情味が、多の効果的で流麗なメロディーにも助けられて、日本人を魅了したのではないか。

◉平成13年9月30日

北原白秋作詞・山田耕筰作曲　からたちの花

水郷への慕情ひしひしと

柳川の水路は、木々の濃い緑の影を川面に映しながら、すでに初秋のにおいを漂わせていた。

福岡県柳川市。詩人・北原白秋の古里である。彼は複雑な感情を内在させつつも、生涯、柳川を愛してやまなかった。

からたちの花が咲いたよ
白い白い花が咲いたよ

カラタチの木は、白秋が少年期をすごした明治中ごろの柳川では、あちこちの生け垣に植えられていた。通っていた小学校の近くにもカラタチの老木があり、後年、白秋は「あの歌は、このカラタチの花から生まれた」と懐かしんだという。

この歌を作曲した山田耕筰にもカラタチの思い出があった。幼いころ印刷工場へ住み込みで働いていた耕筰は、いつも腹をすかせて、カラタチの実をかじった。この実は食用には向かないのだが。

時代の波は、もうカラタチの姿も消し去ってしまったのか。

しかし、その木は白秋の生家の庭にすっくと立っていた。「すっく」という言葉がふさわしいほど見上げるばかりの大木である。

白秋が『からたちの花』の中でうたっている「青い針のとげ」「まろい金のたま」。昔のままに針は鋭く、丸い果実は少し黄ばんで、日の光に輝いていた。

生家は柳川の南に位置する六騎《ろっきゅ》の街にある。虚弱だが、才気あふれ、性の芽生えも感じていた少年白秋は、造り酒屋だったこの屋敷から中学伝習館（現・伝習館高校）へ通った。

通学路は現在遊歩道になっており、その一部が「白秋道路」と名づけられた。昭和六十年代から柳川市が整備を進めたもので、散策にもってこいの静かな通りである。

この道を通りながら、白秋は、心に期すところがあったに違いない。それは文学に対する抑えがたい情熱だ。その願いを果たすべく上京したのは明治三十七年、白秋十九歳のときだった。

白秋道路の一角に、川下りの舟を見下ろすように「待ちぼうけ」のかわいい少女像が立っている。「待ちぼうけ」の歌も白秋・耕筰コンビで誕生した。

突如、雨の中を下ってきた舟の船頭さんが声を張り上げた。

「〽待ちぼうけ、待ちぼうけ、ある日せっせと野良かせぎ…」

白秋と耕筰の二人の少年時代の共通の思いがこめられているからか、『からたちの花』への評価は高く、海外でも代表的な日本の歌として認められている。白秋は写真集『水の構図』で「この柳河こそは、我が詩歌の母体である」と述べている。『からたちの花』の歌詩にある「からたちのそばで泣いた」男の子は白秋自身だったとすると、古里への慕情の念がひしひしと伝わってくる。

彼は柳川を「静かな廃市である」と断じた。柳川を舞台としたユニークで陰影に満ちた作品群に接すると、水郷の流れに微妙にゆらめく水紋の光と影を見る思いがする。

◉平成13年12月23日

野口雨情作詞・本居長世作曲　赤い靴

時の流れ見つめる少女像

横浜港・山下公園の海側のベンチに腰掛けて遠くを眺める。空の青、海の青。二つの青が一体になって、初冬のうららかな光に輝いていた。

この公演は世界でも指折りの臨海公園。大正十二年の関東大震災後、瓦礫や焼けた土を埋め立てて造成され、横浜復興のシンボルとされた。以来八十年近く、いまでは横浜の有名な観光スポット、ハマっ子の憩いの場でもある。

この一角に「赤い靴はいてた女の子」の小さなブロンズ像が、じっと海を見つめている。船をつなぐピットに腰を掛け、おさげ髪のワンピース姿。幼顔は心なしか笑みを浮かべているようにも、寂しげにも見える。

赤い靴　はいてた

女の子…

童謡『赤い靴』が雑誌に発表されたのは大正十年。作曲者の本居長世の二女が歌って流行らせた。『赤い靴』にこめられた旅情を当時の日本人は、どのような思いで受けとめたのだろう。

エキゾチックな〝メリケン波止場〟を舞台にしたこともそうだが、人々は外国に対する強いあこがれを抱き、メルヘンの世界にもひかれたのではないだろうか。

公園かいわいには、さまざまなモニュメントが立っているが、この少女像は、戦後の横浜に、メルヘンをよみがえらせようという行政と市民の共同作業によって実現した。「横浜にはハマらしいシンボルがない」という発想は、やがてデンマーク・コペンハーゲンの「人魚像」やベルギー・ブリュッセルの「小便小僧」のように有名なメルヘン像を作りたいという熱い願いに発展した。

昭和五十一年、市民団体による設立運動が始まり、市との調整の結果、像の設置場所は山下公園内に決まった。しかし、制作者の彫刻家・山本正道が像の原型を発表すると、「歌のイメージと違う」などのクレームが出て論争を巻き起こすひと幕もあった。

像の除幕式にこぎつけたのは五十四年。賛同した市民は約四万三千人、一千万円以上の募金が集まったという。曲が発表されてから五十八年の歳月が流れていた。

　異人さんに　つれられて
　行っちゃった…

赤い靴をはいていた少女はだれだろう。モデルについては、作詞者の野口雨情が、横浜からアメリカへ渡航したいとこを念頭に置いて書いたとする説や、雨情の知人から、アメリカ人宣教師のもとへ養子に出された娘の話を聞いたという説がある。この少女はその後、結核にかかって東京の施設に引きとられ、わずか九歳でこの世を去り、青山墓地に埋葬されたという。少女の出身地の静岡県清水市には、『赤い靴』にちなんだ母子像がつくられている。

少女像がある山下公園からは、二十一世紀への国際文化都市・横浜の新しいシンボル「みなとみらい21」のビル群がそびえ立つ。過去と未来。変ぼうする横浜を眺めながら、少女像は静かに観光客の記念撮影に収まっていた。

◉平成14年3月10日

野口雨情作詞・中山晋平作曲　波浮の港

荒海裂け「磯の鵜」ののんびり

磯の鵜の鳥ゃ　日暮にゃ帰る
波浮《はぶ》の港にゃ　夕やけ小やけ

外海は少し荒れていた。しかし伊豆大島の最南端、波浮の港は湖のように静かで美しい。かつて火口湖だったこの港は、元禄十六(一七〇三)年の大津波で海とつながった。

野口雨情・中山晋平のコンビで生まれた『波浮の港』にまつわるエピソードは面白い。ある日、雨情の自宅に訪ねてきた雑誌「婦人世界」の編集者が波浮の港の写真を示して詩を依頼、雨情はそれを参考に詩を書いた。詩は大正十三年六月号の「婦人世界」に載ったが、昭和三年、いい詩を探していた晋平の目にとまった。レコード化されたのが同じ年の四月。日本レコード史上国内で制作された〝純国産〟第一号のレコードだった。

このときの歌い手は佐藤千夜子だったが、曲のヒットを決定的にしたのが〝われらがテナー〟の藤原義江だ。七月に藤原によってレコード化されると、それまで無名だった波浮の港は一躍有名になり、観光客が押し寄せた。

雨情と晋平は波浮の港を訪れたことはなかったが、客の増加に大喜びした汽船会社があいさつに来るという事態に、うまく口裏を合わせて行ったことにしたらしい。各章ごとには入っている「ヤレホンニサ」の合いの手は晋平のアイデアで、お互いに気心の知れた仲だったことを物語っている。

詩の中で雨情は「磯の鵜の鳥」とうたっている。しかし、古くから伝えられているが「波浮の港鵜不在論」だ。雨情は彼の古里、茨城の近くの平潟港にいる鵜をイメージして書いたというものだ。だが、鵜は確かにいた。湾内に明らかにカモメとは異なる三羽の鳥が海にもぐって魚を捕らえていた。地元のだれもが当然のように口をそろえて言う。「昔から鵜はいるよ」

やはり鵜はいるのだろう。不在論はだれかが言い出した話が、そのまま通説になって独り歩きしてしまったのだろうか。ただ、海が荒れると鵜が外海から穏やかな港に入ってくるのは確かなようだから、いつもいるとは限らないのかもしれない。

波浮の港の朝は早い。午前四時ごろ、船だまりに停泊している漁船が一斉に出漁する。帰港するのはお昼前。天候にもよるが、漁獲があれば、キンメ、ムツ、カンパチなどが水揚げされ、港はいっとき海の幸でにぎわう。

舟もせかれりゃ　出船の仕度
島の娘たちゃ　御神火ぐらし

大島航路から外れているからか、観光客の姿はまばら。都会にはないゆったりした時が流れていく。とはいえ、人の営みはある。岸辺にへばりつくような小さな集落には、戦前からの古い家並みをしのばせる光景が広がる。

大正十二年の関東大震災後に起こった民謡ブーム。『波浮の港』もその一つだが、舞台となった波浮の港の素朴な風景は、なぜか人の心を懐かしくさせる。

◉平成14年6月9日

菊田一夫作詞・古関裕而作曲　とんがり帽子

懐かしの旋律　平和の響き

緑の丘の赤い屋根
とんがり帽子の時計台

この『とんがり帽子』の歌が流れてくると、ラジオの前に座り直したあのころを思い出す年配の人が多いだろう。それは懐かしさとともに、戦後の荒廃した時代への深い想いにつながる。

『とんがり帽子』は昭和二十二年七月から始まったNHKラジオの連続放送劇『鐘の鳴る丘』の主題歌。戦災孤児の救済に情熱を燃やす青年が、孤児たちと困難を乗り越え、鐘の鳴る丘に家を築いていくというドラマだ。

当時、敗戦後の街頭をさまよい、みじめな生活を強いられていた子どもたちがたくさんいた。これらの戦災孤児をはじめ、家出をしたり、親に見捨てられた少年少女を含め、その数は二十二年夏には全国で三万五千人と推定されるまでに膨れ上がり、大きな社会問題になった。

この問題に真正面から取り組んだのが『鐘の鳴る丘』で、世相をそのまま映し出した内容が大きな反響を呼び、放送は二十五年十二月まで七百九十回続いた。

このドラマは、占領軍ＣＩＥ（民間情報教育局）の命令で菊田一夫が作った。菊田の詞に古関裕而が曲をつけたのが『とんがり帽子』で人気が高く、同じころにつくられた子どもの歌を圧倒した。

『鐘の鳴る丘』のモデルになった建物は長野県穂高町にある。緑のしたたるような木立に囲まれた安曇野の里だ。ここを訪れるのは、戦争を知らない若者、幼いころラジオの前で耳をすませたであろう熟年の観光客などさまざまだ。

午前十時。〝とんがり帽子の時計台〟が、おなじみのメロディーを奏でだすと、居合わせた数人の男女が一斉に歌い始めた。

鐘が鳴りますキンコンカン
めえめえ子山羊もないてます

建物は現在、穂高町教育委員会が管理し、地元の青少年が研修に利用する「鐘の鳴る丘集会所」になっている。建物自体も数奇な運命をたどった。明治時代に建てられ、大正時代に入って当時の有明温泉株式会社が買い取り、旅館にしていたが、昭和初年に倒産。二十一年、雨ざらしになっていた建物を活用し、戦災孤児に限らず身寄りのない子を収容し、松本少年学院を開設した。二十四年には法務省が所管する非行少年の更生施設（少年院）有明甲原寮になった。

現在の建物は、この寮を昭和五十五年に松尾寺のそばに移築復元したものだ。シンボルの鐘は敗戦前後の混乱でなくなっていたのを外部からの寄付で復活させた。

この歌の四章目の「きのうにまさる　きょうよりも　あしたはもっと　幸せに…」という歌詞は、あすへの希望を胸に眠りにつく子どもたちの心情をよく表しているが、ここで涙を流しながら口ずさむ男性もいるという。過酷だった戦争と、その後の人生を重ね合わせた思いが去来する涙だろうか。

前庭に咲き乱れた赤い花にミツバチが止まって、ミツを吸っていた。平和な日本の風景である。

◉平成14年9月1日

杉村楚冠作詞・船橋栄吉作曲　牧場の朝

漂う霧に牧童の幻影

ただ一面に立ちこめた
牧場の朝の霧の海…

この歌を口ずさむと、どこからか聞こえてくる牛の鳴き声、働く人たちのざわめきなど、牧場のさわやかな空気が伝わってくる。

文部省（現文部科学省）唱歌『牧場の朝』は福島県鏡石町のシンボルソングだ。歌のモデルになった同町の岩瀬牧場には百二十年余の歴史が刻まれている。開設は明治十三（一八八〇）年。その四年前、明治天皇が東北地方を巡幸したことがきっかけで、日本最初の宮内省直営、つまり国営牧場として誕生した。

作曲家・船橋栄吉の作曲による『牧場の朝』が小学四年の教科書に載ったのは昭和七年だ

が、作詞者は長い間不明のままになっていた。追跡研究の結果、五十七年になって、新聞記者で文人でもあった杉村楚人冠が明治四十三年に岩瀬牧場を訪れたときのイメージを基に作詞したことが分かった。『牧場の朝』は、名実ともに〝おらが町の歌〟になったわけだ。

　黒い底から勇ましく
　鐘が鳴る鳴るかんかんと

日本で初めてオランダから乳牛十三頭と農機具を輸入した同四十年に、友好の証しとしてオランダから贈られたのがこの鐘。以来半世紀以上、牧場で働く人々に作業時間などの時刻を告げる役割を果たし、美しい響きは付近で農作業をする人たちにも親しまれた。時計がいまほど普及していなかった時代をしのばせる話だが、鐘はひびが入ったため、いまはとり外して牧場内に展示してある。

早朝五時すぎ、放牧場では牛が草を食んでいた。霧がかかり、歌詞にぴったりの風景だ。資料が散逸し、この牛が最初に輸入された乳牛の係累かどうかは調査中だ。

しかし、その中の一頭「ドラ12世」が子を産んで、十五代の子孫が金沢市にいることが確認されている。いまいる十頭は雄一頭に雌九頭。種付けも間近というから、そのうち元気な子牛が生まれるだろう。

牧場の開設当時、この辺りは大原野だった。そこを開墾し、七百三十ヘクタール(ナゴヤドームの百五十二個分)という広大な規模の西欧式牧場が生まれた。しかし戦後、農地改革で三十ヘクタールに縮小され、現在は民間経営の観光牧場となって、酪農のほかに園芸も行っている。

敷地内にはツタのからむ旧事務所、牛舎、トウモロコシ乾燥舎、トラクターなど開拓時代の面影を漂わす施設や機械が残っている。

『牧場の朝』はNHKなどが募集し、平成元年に発表した「日本のうた・ふるさとのうた」に全国で二十四位に入った。福島県では第一位。どんどん教科書から古い歌が削除されている中で、平成十一年にこの歌も消えそうになったが、町を挙げて反対の署名活動を展開し、存続にこぎつけている。

オランダとの交流は現在も続き、平成十二年には「牧場の朝・オランダ交流会」が活動を始めた。牧場もレジャースポットとして新しい時代に。しかし、振り返れば笛を鳴らす牧童の姿が見えるのではないか——。そんな幻影にとらわれた。

◉平成14年11月3日

三木露風作詞・山田耕筰作曲　赤蜻蛉

母を恋う幼き日の追憶

夕焼小焼の赤とんぼ
負われて見たのは…

誰もが知っている童謡『赤蜻蛉』。子どもが無邪気に歌ってよし、大人が感情を込めて歌ってよし、日本の歌の代表作の一つだ。

兵庫県の南西部に位置する龍野市。この城下町の大地をはぐくんだ母なる川揖保川が中央を南北に流れ、背後には鶏かごを伏せたような鶏籠山がこんもりした姿を見せている。龍野市は『赤蜻蛉』を作詞した詩人、三木露風の古里であり、歌の舞台である。

露風の生家はいまも揖保川の近くに残っている。名家三木家に生まれ、何不自由なく育った露風は、幼いころから鶏籠山に親しみ、揖保川の河原で遊んだに違いない。事実、露風は成人してからも、この山を思い浮かべ、懐かしんでいる。「負われて」いた背中は、たぶん母の温かい背だったろう。

その母は、彼が七歳のとき事情があって家を去っている。露風は母を恋うた。『赤蜻蛉』は、露風が北海道函館市のトラピスト修道院の講師として赴任していた三十三歳のときの作だ。北海道の大自然に抱かれた露風の思いが古里とつながり、離別した母への断ち難い思慕の念を呼び起こされたことは、容易に想像できる。

この詩は大正十(一九二一)年八月号の童謡雑誌「樫の実」で発表され、同年十二月に出版された露風の第一童謡集「真珠島」に収められた。山田耕筰が曲を付け、昭和二(一九二七)年「山田耕筰童謡百曲集」に発表された。

龍野市は昭和五十九(一九八四)年に「童謡の里」を宣言。一日三回、白鷺山から『赤蜻蛉』のメロディーを流している。街のあちらこちらの白壁や電柱、側溝のふたにまで、絵に描かれた赤とんぼが〝飛んで〟いるのがほほ笑ましい。

国民宿舎の前から小動物園を経て、赤とんぼ歌碑までの道が「童謡の小径」だ。「夕焼小焼」「里の秋」など、それぞれの歌碑の前に立つと童謡のメロディーが流れてくる。赤とんぼの歌碑は、露風死去の翌年、昭和四十(一九六五)年に建てられた。露風自筆の「赤とんぼ」の詩が刻まれ、レリーフの五線譜は耕筰が病をおして書いたもので、絶筆になった。

夕やけ小やけの赤とんぼ
とまっているよ竿の先

『赤蜻蛉』の最終節の歌詞「赤とんぼとまっているよ竿の先」は、露風が十三歳のころに作った句とされている。後々まで少年の心を失わなかった露風は、この言葉をあえて使い、詩を締めくくりたかったのだろうか。

露風は『赤蜻蛉』の中で「母」という語句を全く用いていないが、象徴詩人らしい表現の裏に明らかに母への追憶の情が読みとれる。それがかえって人々の心に、しみじみとしたノスタルジーをあふれさせる。

◉平成15年1月5日

鳥居枕作詞・滝廉太郎作曲　箱根八里

〝幕府の防人〟天下の険

箱根の山は天下の険《けん》
函谷関《かんこくかん》も物ならず

漢詩のように格調高く、力強い『箱根八里』は明治時代、替え歌まであったというから、広く愛唱され、いまでも日本人の心に深く根ざしている歌だ。

『箱根八里』は明治三十四（一九〇一）年の「中学唱歌」に掲載された。その二年くらいまえから東京音楽学校（現・東京芸大）が中心になって編さんが進められていた。歌詞は外部に委嘱して集め、それを公表して曲を懸賞応募した。入選作三十八曲の中に、鳥居枕作詞、滝廉太郎作曲の『箱根八里』も選ばれた。

賞金は一曲につき五円。滝はほかに『荒城の月』『豊太閤』も入選しているから、十五円の大金を得たことになる。ちなみに当時の米の値段は百五十キロで約十三円。若かった滝は大喜びして、友人たちにお汁粉をごちそうし、ふるさと大分の母や妹に身の回りのものをプレゼントしている。

箱根の旧東海道、いわゆる箱根八里は、小田原から箱根峠を経由して三島に下るまで八里、約三十一キロの道のりを指す。東海道を行く旅人から難所として恐れられていたが、江戸時代にはこの距離を一日で歩くのが普通だったというから、昔の人々の健脚ぶりに驚く。

江戸幕府が古い山道を広げ、箱根の八里越えと伝えられる街道を造ったのが元和四（一六一八）年。その後、参勤交代の制度ができて、交通が盛んになり、延宝八（一六八〇）年、石畳の道に整備された。それをさらに拡充したのは文久二（一八六二）年で、十四年代将軍・徳川家茂の上洛にあたっての全面的な補修だった。この道はいまもところどころに残っており、国の史跡に指定されている。

その中の一つが箱根町湯本から元箱根に至る約一キロの「白水坂」だ。平均約三・六メートルの道幅の中央に、約一・八メートル幅の石が敷き詰められている。ごつごつした石は滑りやすく、かなり歩きにくい。江戸時代、女性が落馬して死んだという話が伝えられているくらいだから、箱根路はまさに旅人泣かせの「天下の険」だった。

羊腸《ようちょう》の小径は苔滑か

一夫関に当るや万夫も開くなし

「羊腸の小径」は入り組んだ狭い道、「一夫関に…」は「一人の兵が守っていれば、万の兵が攻めても落とせない」の意味で、要害の地であることを表現している。

箱根の道がなぜこんなに長い間、けわしい悪路のままだったのか——。それは江戸に近いこの道が簡単に通行できると、防衛上の拠点としての意味がなくなる、と幕府が判断したからだ。箱根関所も「入り鉄砲と出女」に目を光らせた。江戸へ大量の武器が流入するのを防ぎ、人質として江戸に住まわせていた諸大名の妻子が、ひそかに脱出することのないよう厳重にチェックしたのである。

いまでは車が激しく往来する箱根旧街道だが、一歩石畳の道に踏み入れば、思いはいつか、いにしえの旅人に返る。ウォーキングブームのいま、「天下の険」はデイパックを背負った旅人たちが歩むハイキングコースになった。

◉平成15年3月16日

吉丸一昌作詞・中田章作曲　早春賦

春の胎動告げる日差し

長野県松本市から北へ約三十五キロ。北アルプスの玄関口、大町市は積雪五〇センチ。みぞれが舞っていた。

春は名のみの風の寒さや
谷の鶯　歌は思えど…

『早春賦』の舞台は、大町市の少し南の穂高町というのが有名だが、大町との縁も深い。この唱歌の作詞者、吉丸一昌は明治四十四年（一九一一）年、創立十周年を迎える旧制大町中（現・大町高校）の校歌の作詞をしている。『早春賦』も同じころに作られた。吉丸は遅い春を待ちわびるいらだたしい心を詩にことよせたのだろう。

東京音楽学校（現・東京芸大）教授で、文部省唱歌の編さん委員だった吉丸は、その内容に飽きたらなかったため大正二（一九一三）年、新作唱歌全十集を刊行。中田章に作曲を依頼した『早春賦』は、この第三集に発表されている。

大町の冬は厳しい。今年の冬の気温は氷点下一五度まで下がった。雪の多いことでも有名で、約二十キロ南の穂高町が晴れていても、大町では何日間も雪空が続くのは、珍しくない。『早春賦』の歌詞にあるとおり「きょうもきのうも雪の空」なのである。

地元にこんなことわざがある。「一尺でも南へ転べ」。これは寒気を耐えようとする人々の切ない心情を表しているのだろう。あれこれ考えると、『早春賦』は、まさに大町の早春の風景にぴったり当てはまる。

貧しい家に生まれ、苦労した吉丸は、職を得てからも自宅を苦学生に開放し、若い学生たちのために尽力した。彼は『早春賦』の中で、春は遠いが、それは絶望でなく、必ずやってくる春、つまり希望に向けて旅立とうと、若者たちを勇気づけているのではないか。

大町市文化会館前に『早春賦』の歌碑がある。十八年前に歌碑を建てた穂高町に比べて、遅まきながら「早春賦を愛唱する大町市民の会」（小野三枝会長）が立ち上がった。

「みんなで建てましょう」を合言葉に協力を呼びかけ、平成十二年秋、雄大な北アルプスを背に碑は完成した。歌碑にする石材も会員たちが探し、大町市の北にある小谷《おたり》村の姫川で手ごろな安山岩を見つけた。街の発展と平和への祈りもこめた碑の周りは、幼い子たちの格好の遊び場だ。

　　春と聞かねば知らでありしを
　　聞けば急かるる胸の思いを

街から一望できる鹿島槍ヶ岳、爺ヶ岳などの名峰は雪をかぶり、りんとして清澄そのものだ。草木の芽吹きが盛りになり、肌で春を実感できるのは、四月の終わりごろだろうか。山国の人々は自然の推移を見つめながら、種をまく時期を知る。自然との共生がここにはある。

それでも、研ぎすまされたような峰々の山すそには、心なしか春がすみに似たやわらかい日差しが漂っているように見えた。

ある建物から何かがポタッと落ちた。折からの暖かい日の光に解けた雪の塊だった。

足元からはい上がる寒気を感じながらも冬から春へと移り変わる季節の胎動が読みとれた。

終わりに

現在、八十三歳。アルバイトで入社後、校閲部から社会部に異動、いくつかの部署をわたり歩いた五十四年の記者生活を振り返ってみて、最近つくづく感じることがある。

若い頃は未熟で、自信がなくてコンプレックスの塊だった。ところがあんなに長いあいだ悩みをかかえていたのに、仕事をこなすうちに徐々にそのマイナス感情が薄らいでいったのだ。

十九年の下積みを経て、社会部記者になった時、「ああ、地道に頑張ってよかった」という達成感があった。

今は仕事に何の未練もないし、思い残したこともない。力一杯やり切ったし、それなりの成果もあった。

私はコミュニケーションの中で鍛えられた人間である。この未熟な私を支えてくれたものは数え切れないほど多くの人との出会いであり、今でも心の支えになっている。具体的にどの出会いということではなく、知らず知らずに出来た人間同士の絆というのだろうか。仕事の中だけでのお付き合いもあるし、仕事を離れたところでも交流を続けた人もいる。本当にありがたいと思っている。

記者人生としては、十分過ぎるほど充実した五十四年間に満足している。出版にあたってご尽力くださった竹田麻衣子さんを始め、新葉館の皆様、ありがとうございました。浩花ちゃん、ありがとう！

平成二十七年一月

阿部　孝子

本書に寄せて

新聞記者として、また働く女性の先駆けとしていきいきと人生を過ごした孝子は昔も今も、私にとって憧れであり、自慢のまたいとこです。

孝子はいつもオーダーメイドのパンツスーツに身を包み颯爽と現れます。赤い口紅と華美ではないアクセサリーが印象的です。男性のような性格を持ちながら、いつもお洒落に気を使っている素敵な女性です。孝子はいつもスーツの襟を両手で正していました。現役を離れた今も洋服の襟を年中正しているのです。几帳面な孝子らしい姿であると感じます。

そして何よりも孝子は正義感が強く、温かい心の持ち主です。他人の噂話や悪口を好みません。思ったことをスパッと言い切るため、時に誤解を受けることもありますが、ダメなものをダメ、正しいことを正しいと言える、それが孝子の強さであり優しさなのです。

記者という仕事は人間の起こした喜怒哀楽を伝えると共に、人間の心に寄り添う仕事であると感じています。孝子の心の美しさ、そして豊かさも記者としての活躍に大きな影響を与えたのではないかと思います。

本書は、激動の時代を記者として生きた孝子の物語です。二〇一五年の今、女性が仕事を持つことは一般的ですが、女性がキャリアを形成するにはまだ大きな壁があることを日々感じております。孝子が仕事をしてきた昭和の時代は、女性が男性と同じような仕事に就くこと自体、大変珍しかったと聞いております。孝子は自らの意思で、男性の仕事と言われていたマスコミに身を置き、自身や後進の女性のために女性が活躍できる道を開いてきました。

孝子の生きた軌跡や経験は大変貴重なものであり、後世に残すために本を製作したらどうかと提案致しました。私が提案する以前から孝子は、友人や知人より本を書いたらどうかと提案されていたそうです。そして、本日、このように形になったことを大変うれしく思います。

本書の製作・出版に際して、新葉館出版の竹田麻衣子さんには大変お世話になりました。何度も名古屋へ足を運び孝子の意向を聞いてくださいました。心から感謝申し上げます。

平成二十七年三月

七戸　浩花

【著者略歴】
阿部孝子（あべ・たかこ）

昭和7（1932）年、名古屋市生まれ。
昭和28（1953）年　愛知県立女子短期大学国文科 卒業
同年　中日新聞社アルバイトを経て、半年後に本社校閲部に配属
昭和47（1972）年　社会部に異動
昭和50（1975）年　文化部に異動、音楽担当となる
平成4（1992）年　定年後、文化部などに配属
平成19（2007）年　退職

わが人生を文字に賭けて

○
平成27年5月9日　初　版
平成27年7月21日　第二刷
著　者
阿　部　孝　子
発行人
松　岡　恭　子
発行所
新　葉　館　出　版
大阪市東成区玉津1丁目9-16 4F　〒537-0023
TEL06-4259-3777　FAX06-4259-3888
http://shinyokan.jp/
印刷所
亜細亜印刷株式会社
○
定価はカバーに表示してあります。

ISBN978-4-86044-594-2